漫游韩国

藏羚羊旅行指南编辑部　编著

北京出版集团公司
北　京　出　版　社

图书在版编目（CIP）数据

漫游韩国 / 藏羚羊旅行指南编辑部编著. — 北京：北京出版社，2016.8

ISBN 978-7-200-12257-2

Ⅰ. ①漫… Ⅱ. ①藏… Ⅲ. ①旅游指南—韩国 Ⅳ. ①K931.269

中国版本图书馆CIP数据核字(2016)第139593号

漫游韩国

MANYOU HANGUO

藏羚羊旅行指南编辑部 编著

*

北京出版集团公司
北京出版社 出版

（北京北三环中路6号）

邮政编码：100120

网址：www.bph.com.cn

北京出版集团公司总发行

新华书店经销

北京天颖印刷有限公司印刷

*

889毫米×1194毫米 32开本 7印张 230千字

2016年8月第1版 2016年8月第1次印刷

ISBN 978-7-200-12257-2

定价：39.80元

如有印装质量问题，由本社负责调换

质量监督电话：010-58572393

前言

10年前刮起“韩流风”，不少人以为这股风潮很快就会散去，然而，十几年了，“韩流”的劲头不但没有衰减，还在以稳定的势头持续加强中。

“韩流”能够保持不辍，不是没有道理的。当初最主要的“推手”——韩剧，并没有昙花一现，而是多年来不断有优秀的作品出现，吸引着韩剧迷们一心前往戏剧拍摄地一亲芳泽。更重要的是，对于喜欢美食、购物的人来说，韩国有着各种意想不到的新鲜玩意儿，经典菜色如石锅拌饭、美容南瓜粥、人参鸡汤、韩国烤肉都让人恨不得再多生个几张嘴大饱口福。对历史感兴趣的话，韩国宫殿以及传统歌舞带你深入似曾相识却又独树一帜的韩国文化。想要享受悠闲的滋味，济州岛纯净湛蓝的山海风光则是最佳选择。在这个多样化的国度，永远都有新鲜玩意儿让人大开眼界、彻底满足。

本书以味蕾之旅——韩国好味、感受人文历史——韩国世界遗产、超级美美伴手礼——韩国化妆品、跟着韩剧游韩国——韩剧场景主题为开端，让读者快速建立韩国印象。接着以首尔、京畿道、江原道、釜山、庆州、安东、全州、光州、济州岛等分区的形式提供交通、景点等实用资讯，帮助读者提前了解旅游目的地。

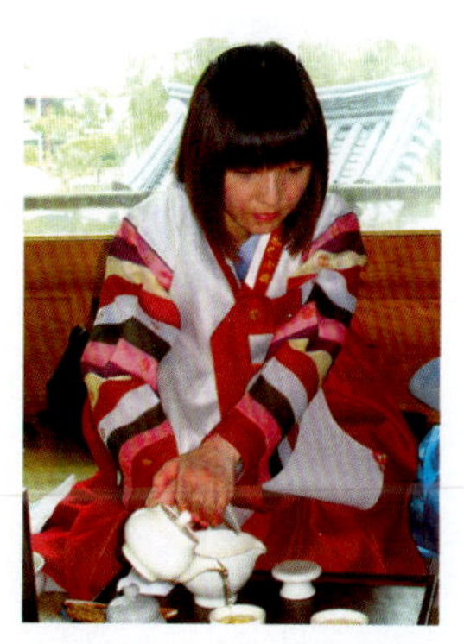

내가 찜한 닭
찜닭전문점
The 헤어스토리
조성기 헤어젯
돈돈 부리부리
명동점
773-0092
RED SUN
세마헤어
banila co.
가무
오다헤어
Take out
MYEONG DONG COFFEE
REDEYE
Red Sun
세마헤어
SKIN79

目录

contents

contents

目录

contents

味蕾之旅

韩国好味

韩国料理有两大特色：一是辣，二是补。从餐厅到路边摊，充斥着各色辣食，吃进嘴里麻辣舌尖，吞进肚中热肠暖胃。另一方面清淡爽口的补身料理，则充分发挥食补的功效，人参红枣等以药入菜，让你美容养颜、元气大增。

泡菜 김치

韩国人对泡菜的钟爱，简直到了一天不吃就受不了的程度。不管是任何馆子，桌上一定有一碟吃到饱的泡菜相随。红艳艳的泡菜加了鱼露、腌虾还有大把大把的辣椒粉，酸甜滋味挑逗着人的味蕾，无论是配饭配肉还是配意大利面都好吃。韩国餐馆的泡菜大多是自家腌的，因此同样是白菜泡菜，各家风味却大不相同，有些辣到让人冒汗，有些则酸味重些。

除了常见的辣白菜之外，还有切块萝卜、酸白菜等。韩国泡菜的种类有 200 多种，一般常吃的口味也达 50 多种。

拌饭 비빔밥

全州拌饭之所以出名，是因它曾为朝鲜时代的进贡菜肴，皇帝尝过都说赞，龙宠钦点之下，全州理所当然地成了拌饭的故乡。

拌饭食材清淡简单，就是黄豆芽、蕈菇和各式野菜，用辣椒酱隔开菜与饭，饭上放一颗生鸡蛋，一并放在大碗里。后来有餐厅发明将拌饭放入烧得烫人的石锅中端上桌，用筷子将菜、饭、辣椒酱就着石锅的高温搅拌均匀趁热食用，就变成我们所熟悉的石锅拌饭了。

冷面 냉면

冷面原为朝鲜的面食，分为平壤式、咸兴式两种。平壤式冷面是以荞麦粉制面，加上冷高汤，配上水煮蛋、黄瓜、梨等蔬果切片，口味清爽。咸兴式冷面以番薯粉制面，口感筋道，拌上辣椒酱为底的酱料，配上小黄瓜、水煮蛋等一起拌着吃。由于冷面的面条长且韧，店家在上菜前都会先以剪刀替顾客剪断面条，以方便食用。

烤猪五花 삼겹살

猪五花在过去是用来替代昂贵牛肉的廉价肉，后来店家陆续发明用白酒腌渍、香料煮成等新做法，让烤猪五花一跃成为餐桌上的明星。猪肉在石板上烤得吱吱作响，配上胡麻叶、生菜一起送入嘴里，肥而不腻让人意犹未尽。

韩式定食 한정식

韩式定食源于宫廷料理。通常一次二三十道菜端上桌，没有主菜，每道菜都是主角。韩式定食集韩国料理之精华，以蒸、烤、烫、拌和烹调各式山产、海鲜、野菜为主。每家餐馆所提供的菜色都不同，从乡土美味到豪华的牛小排、生鱼片都有。

韩式烤肉 갈비구이

韩国的高级牛小排要价不菲，一人份就要 30 000~50 000 韩元。牛小排使用整头牛最柔嫩的部位，以骨头为中心不断地片成连骨带肉的长条，直接放到炉上烧烤，吃的时候再用剪刀剪成小块。

吃韩国烤肉，桌上必备各种菜叶、生辣椒、黄酱、辣椒酱和泡菜，吃时把烤肉蘸上一些黄酱或辣椒酱，再用菜叶包起来，这样荤素搭配得当，也难怪韩国姑娘身材佳。韩国人还喜欢在吃烤肉时配上一碗冷面，焦香的烤肉配上冰镇冷面一口咬下，冰火交加的滋味痛快无法挡。

参鸡汤 삼계탕

印象里的人参鸡应该在冷飕飕的冬天享用，韩国人却是因夏天容易耗费体力，而以人参鸡补身。人参鸡是将红枣、人参、糯米、大蒜等材料填进童子鸡肉，整只鸡放进陶锅中熬煮。由于经过长时间闷煮，用筷子就可轻松将鸡肉分散食用，原味或蘸胡椒盐吃同样美味。

腌螃蟹 게장

将花蟹带壳放进煮好的汉方酱油中腌制 7~10 天，蟹肉完全浸透酱汁后直接切块食用。虽然经过酱油腌泡，蟹肉仍不失本身的鲜甜，蟹黄尤其美味。腌好的螃蟹可直接吃或淋上酱汁食用，是一道相当下饭的海鲜料理。

韩式牛肉汤 설렁탕

经常音译为“雪浓汤”，是以牛肉和牛骨熬煮十几小时到一天。经过不断去芜存菁才完成的牛肉汤，温醇爽口，营养成分丰富，最适合在喝完烈酒后来上一碗。乳白色的牛肉汤没有经过任何调味，端上桌后才由顾客自行酌量添加盐和葱花，喝完会有回甘的感觉。韩国人习惯把白饭投入牛肉汤做成汤泡饭，饱吸汤汁的白饭滋味更显香浓鲜甜。

辣炒鸡肉 닭갈비

鸡肉切块后放进酱料腌一会，接着和高丽菜、大葱、米糕、番薯条一起放进锅中，让顾客自己拌炒着吃。鲜嫩的鸡肉配上甜辣的酱汁，再用菜叶包裹着吃，加上店家附上的酸萝卜，是分量十足又营养均衡的料理。肉吃完了，和其他韩国大锅炒料理一样，可点饭、面，配着蘸酱汁再炒一盘。

鸡汤锅 닭한마리

采用出生后 35 天的土鸡，稍微蒸煮过后，马上丢入原味鸡汤里，和大量的葱、蒜煮到开锅。鸡汤内除了薄盐，不添加任何化学调味料，借由葱、蒜的提味让味觉变得层次分明。幼鸡的鲜度十足，肉质极其细嫩且带有弹牙的嚼劲，蘸上醋与酱油调成的酱汁还有辣酱一同食用，滋味更足。

韩式生鱼片 속초회

韩式生鱼片和日式生鱼片有着极大差别，其吃法和韩国烤肉相同，将切好的生鱼片蘸上辣椒酱，用菜叶包起，一口咬下，豪气咀嚼。有些餐厅会以一鱼两吃的方式料理，鱼肉做生鱼片，鱼骨则拿来煮泡菜豆腐汤，汤头鲜美。

部队火锅 부대찌개

部队火锅顾名思义是发源自韩国部队的美味。军人们在操兵练习完毕后，将香肠、香菇、豆腐等各式各样的杂菜一股脑儿地丢进铁锅中，以味噌和高汤做底，再加上满满一大匙的辣酱制成，香辣够味让人欲罢不能。尤其是吃到后头再加入一包韩国泡面，保证分量十足、营养满点。

炒年糕 떡볶이

在韩国，大街小巷都可见辣椒酱炒年糕，这是韩国学生和年轻女性最爱的小吃。韩式炒年糕有点像宁波年糕，口感筋道，易熟且嚼劲佳。

辣椒酱炒年糕条一般是用辣椒酱加上高丽菜、大葱、洋葱、韩国九层塔一起拌炒，有的店家还会加进方便面、水煮蛋、豆皮或鱼丸等，香辣中带点甜味，分量十足又开胃。

生章鱼 산낙지

好像还活着似的，章鱼的触角在盘中不断扭动摇晃，让初次见识的人一时之间不知道该如何动筷。将活章鱼趁鲜剖腹切块，加些盐和香麻油、辣椒搅拌均匀即可食用，味道相当鲜甜弹牙。章鱼的吸盘还会吸附在舌头上，增加独特的口感。

紫菜卷 김밥

所谓紫菜卷就像海苔寿司，而韩式寿司和日本寿司的不同在于米，韩式寿司的米是拌上香油和盐，不加醋，以海苔卷上米饭、胡萝卜、泡菜、炒肉、火腿、煎蛋、腌黄萝卜等，再切成适当厚度食用。

海鲜煎饼 파전

散发海鲜滋味的海鲜煎饼，是大家耳熟能详的韩国美食。以面粉、蛋和水调和成面衣，放入乌贼、鲜虾等各种海鲜还有大量的青葱、红辣椒，放入油锅煎得外皮薄脆、内衣香松，让人一吃就上瘾。

猪血肠 순대

韩式猪血肠是以猪血和粉丝填进猪大肠后蒸熟食用，和炒米糕条一样，是韩国路边常见的小吃之一。韩式猪血肠的吃法有两种：一种是蒸熟了切片，沾上调味盐食用；另一种则是以辣椒酱和一些佐料拌炒后吃。

海鲜锅 해물전걸

鲍鱼、干贝、鲜虾、一整只的章鱼还有数不清的西施舌把大铁锅装得满满的，光看就让人觉得痛快不已、口水直流。加入辣酱的海鲜高汤虽然看起来一片通红，但入口不辣，反而是浓郁的香甜鲜味给人带来前所未有的震撼。

感受人文历史

韩国世界遗产

踏上韩国的土地，你会发现在这个看似现代化的国度中，仍旧保留着源远流长的历史、独特的传统文化和优美的古迹。被联合国教科文组织列入《世界遗产名录》的，包括史前的巨石文化、天然的地理奇景、佛教和儒教的文化遗产等。这些遗产颇有助于了解大韩民国成长、发展的轨迹。

1 宗庙

● 1995 年，文化遗产

宗庙是祭祀朝鲜王朝历代皇帝和皇妃神位的地方，由正殿和永宁殿组成。正殿是祭祀初代太祖李成桂为首的历代皇帝、皇后，永宁殿则是为弥补正殿空间不足而建，供奉的牌位也比较少。宗庙至今仍会举行王朝仪式，相当庄严肃穆。

2 石窟庵和佛国寺

● 1995 年，文化遗产

庆州为统一新罗时代王室的遗址，石窟庵和佛国寺是其建筑及佛教艺术的经典之作，在 1995 年被列入《世界遗产名录》。两寺都是由金大城所兴建，风格迥异，含有今生和前世的寓意。

3 海印寺八万大藏经及藏经板殿

● 1995 年，文化遗产

为 15 世纪建筑的海印寺，里面保存有高丽佛教经文 8 万块经板。朝鲜初期的木造建筑外观典雅，内部通风及温、湿度的设计良好，使得大藏经保存完善。这 8 万块经板上约刻有 5 200 万字，完成于 1237—1248 年间，是研究佛教的珍贵史料。

4 昌德宫

● 1997 年，文化遗产

依据自然地形来搭建的昌德宫，总面积达 13 万平方米，古意盎然的宫殿建筑和传统造景的秘苑，都有说不出的特殊韵味，为朝鲜时期宫殿中保存最为完美的一座宫殿，并在 1997 年被列入《世界遗产名录》。

5 水原华城

● 1997 年，文化遗产

水原华城建于 1794—1796 年，朝鲜王朝的正祖因为父亲思悼世子悲惨去世，为了抚慰父亲的孤魂而将遗骸移至水原并兴建华城。水原华城是一座连绵 5.7 千米的心形城墙，除了行宫建筑、炮楼、楼台及城门，其余建筑以黑砖和花岗岩建成，相当古色古香。

6 高敞、和顺与江华支石墓遗址

●2000 年，文化遗产

支石墓是史前时代石墓形式之一，和顺石墓最大特色是密集地聚集了 596 个石墓，除了石墓，在附近也找到了工作石室，由石室来得知当时建造石墓的方法及过程。全罗北道高敞郡有韩国规模最大的支石墓遗迹，位于仁川市江华郡也有受到西伯利亚卡拉苏克的巨石文化影响的支石墓群，透过这些遗址可了解两三千年前人们的生活方式及智慧，这些地方都在 2000 年被列入《世界遗产名录》。

7 庆州历史区

●2000 年，文化遗产

庆州曾经作为新罗王朝的首都而繁盛一时。尽管后来新罗灭亡，但随处可见的史迹，特别是展现韩国佛教艺术的建筑、雕刻，让它赢得“无围墙博物馆”的美名。

8 济州火山岛与熔岩洞

●2007 年，自然遗产

由火山爆发形成的济州岛，岛上有丰富的火山景观，入选《世界遗产名录》的主要有三个地区：汉拿山国家公园、城山日出峰及熔岩洞窟。熔岩洞窟又包括万丈窟、金宁窟、龙泉洞窟等五处洞窟，目前仅万丈窟开放参观。汉拿山是济州岛最高峰，枫红之际是登山的最佳时机。城山日出峰及熔岩洞窟可以看见火山口及火山熔岩形成的景致。

9 朝鲜王陵

●2009 年，文化遗产

从太祖李成桂创立朝鲜王朝开始，519 年的岁月里诞生过 27 代君王与追尊君主。他们和王妃们的陵墓共有 42 座，除了位于朝鲜开城的两座外，其余散布在首尔与京畿道的 40 座王陵，包括英陵、宁陵、东九陵等已被列入《世界遗产名录》。

10 韩国历史村庄

●2010 年，文化遗产

安东河回村是自 17 世纪朝鲜中期由丰山刘氏聚集而成的氏族村，房屋建筑符合儒教礼法。庆州良洞村由庆州孙氏和骊江李氏两大家族形成，朝鲜时代的豪宅和平民的建筑保存完好，2010 年被合并为韩国历史村庄，列入《世界遗产名录》。

超级美美伴手礼

韩国化妆品

概括而言，韩国各方面的平均消费水平都比国内略贵些，唯有化妆品却便宜得令人吃惊，而且只要消费，都会赠送一些新产品的试用装，让人不买总觉得对不起自己。韩国彩妆、保养品牌之多，尤其在闹市区的街头，化妆品店几乎是一家挨着一家，各大品牌争相请到当红明星担任代言人，吸引力十足。

ETUDE HOUSE（爱丽小屋）

www.etude.co.kr

梦幻感觉的 ETUDE HOUSE，连店员都是全身粉红色系的公主装扮，让人一进店里就好像到了童话里的梦幻国度。

隶属于太平洋化妆品公司的 ETUDE HOUSE 成立于 2005 年，主要走年轻路线，BB 霜、彩妆、面膜等都有众多系列，包装、造型都很可爱。

Skin Food（思亲肤）

www.theskinfood.com

一进到 Skin Food，鹅黄色与白色调的简单装潢给人一种安静清爽的感觉。Skin Food 产品强调使用植物性成分，更强调产品都是“给皮肤吃的食物”。全产品线以白、红、黄、绿、黑组成，分别代表近 50 种天然食材，让消费者用自然的力量变美丽。Skin Food 在国内有多家分店，但是相同的商品在韩国购买比较便宜。

THE FACE SHOP（菲诗小铺）

www.thefaceshop.com

THE FACE SHOP 的产品强调取自天然植物及阿尔卑斯山的冰河水，从头到脚的保养品、美妆应有尽有，也有男性专用的保养品。600 多种产品的原料全部取自大自然，如花、谷物、植物、水果、天然水等，让大自然帮你解决所有的肌肤问题。

MISSHA（谜尚）

www.missha.net

以黑、红两个强烈对比的色调作为 Logo，MISSHA 的产品包装就像一朵朵小花，在每个爱美女生的心里绽放。2000 年以网络直销起家的 MISSHA，隶属于韩国第四大化妆品集团 Able C&C，以年轻化的包装和便宜的价格异军突起，目前光是在韩国当地就有超过 400 家店。其策略性进驻地铁站，几乎在每个首尔地铁站里都会看到。

Nature Republic（自然乐园）

www.naturerepublic.co.kr

2009 年才诞生的 Nature Republic，主张自然主义，使用世界各地的天然产物制成保养品，最初由红遍亚洲的 Rain 担任代言人，品牌一炮而红，很快在竞争激烈的彩妆与保养品市场占有一席之地。其中含 92%芦荟原液的芦荟凝胶和自然无副作用的 BB 霜是人气商品，保湿面霜也曾经在竞赛中拔得头筹。

Innisfree（悦诗风吟）

www.innisfree.co.kr

Innisfree 的产品分为专柜以及直营两种销售途径，而在明洞的店面走的是年轻平价的直营路线，以天然、香氛为诉求，店面装潢也散发着一股清新的普罗旺斯气息。产品使用玫瑰、薰衣草、橄榄油等原料，温和天然，还有淡淡的香气，香氛的舒缓效果让人一用就觉得心情愉快。当红女子团体少女时代的林允儿已担任代言人多年，近来再度走红的李敏镐也加入代言阵容。

TONY MOLY（魔法森林）

www.etonymoly.com

TONY MOLY 意为“美丽的魔法森林”，强调所有产品都是以植物性成分为主要原料，要让肌肤获得充分的休息。3 款鸡蛋造型，分别具有去除黑头粉刺、调理毛孔等功能的“宝贝蛋”一推出即造成轰动，至今仍是店里的畅销品。还有西红柿造型的焕彩面膜、青苹果去角质按摩霜以及七公主唇膏等也颇具口碑。最近推出的 Floria 水漾亮白系列护肤产品也很受欢迎。

Holika Holika（魔法猫猫）

www.holikaholika.co.kr

Holika Holika 是 2010 年才推出的化妆保养品牌，紫色的主调充满华丽的梦幻气息，状似城堡的外观、骑着飞天扫帚的女巫和偌大的时钟，仿佛用了它的产品就会产生神奇的功效。产品的造型也走梦幻风格，非常可爱讨喜，主要想进攻正想蜕变成魅力美女的新生代少女们的心。不粘手的滚轮 BB 霜和外形可爱又能深层清洁的鸡蛋洗脸皂是畅销产品。

LANEIGE（兰芝）

www.laneige.co.kr

1994 年问世的 LANEIGE 是爱茉莉太平洋集团（Amore Pacific）旗下最知名的品牌，LANEIGE 是法语“白雪”的意思。品牌特别强调水分的重要，从水分的保养开始帮助肌肤获得重生，使肌肤散发如白雪般的自然纯净气息。晚安面膜、睡美人香氛水凝膜、滑盖手机造型的粉饼和草莓优格 QQ 面膜都是热卖产品。

It's skin（伊思）

www.itsskin.com

主张专业科学的 It's skin，与首尔大学研究室合作研发保养美妆品，不加入多余的香料和添加物，而是用科学的方式制造出对肌肤最好的商品。保养品的包装也很特别，做成长长的试管和针筒造型，强调每一种产品都是经过专业医生实验认可的。It's skin 也推出韩方产品，有趣的是韩方产品是与北京大学合作，利用老祖宗的智慧将茯苓、人参等药材转变为活化肌肤的保养品。

the SAEM（即得鲜）

www.thesaemcosmetic.com

2010 年 7 月崛起的平价彩妆保养品牌 the SAEM，请到因韩剧《灿烂的遗产》、综艺节目《强心脏》大受欢迎的李升基和人气歌手 IU 担任代言人，很快就打开知名度。产品强调具有使肌肤再生修复的能力，泡泡面膜和 2012 年爆红的蜗牛成分保养品很受欢迎。奇迹宝石系列、塔罗牌面膜等也都是明星商品。

Mamonde（梦妆）

www.mamonde.co.kr

代言人包括韩佳人、韩志旼、Super Junior 的崔始源等韩星，是隶属太平洋集团的美妆品牌。美白晚安面膜和主张化妆也能护肤的 BB 霜都是热卖产品。

Banila co（芭妮兰）

www.banilaco.com

Banila co 的美妆保养品针对上班族市场，充满着时尚感与高级感。清华透亮的粉底霜与闪亮眼影是热卖商品，另外，它的 BB 霜和妆前乳也很有名。价格属于中高档。

IOPE（艾诺碧）

www.iope.co.kr

太平洋集团旗下品牌，主打天然草本萃取精华的成分，能加强保湿、使肌肤水润有弹性，并抚平皱纹，是适合轻熟女的中等价位保养品牌。

Sulwhasoo（雪花秀）

www.sulwhasoo.co.kr

1975 年创立的韩国尊贵护肤品牌，使用人参、当归等汉方草药并遵循古法药理。价格偏高，但护肤效果极好，是贵妇最爱的顶级保养品，在免税店及百货公司专柜都买得到。

Sooryehan（秀丽韩）

www.sooryehan.co.kr

韩国 LG 集团的中等价位保养品牌，根据古代保养秘方以及药学史书《东医宝鉴》之记载，使用红参、冬虫夏草等药材研发出的适合 30 岁以上肌龄的保养产品，如同日本的 SK-II 一般，深受成熟女性的欢迎。

Whoo（后）

www.whoo.co.kr

与雪花秀同属专柜护肤品牌，根据韩国古代相传的皇后美颜秘方，使用多种珍贵药材提炼萃取而成，并针对 20~60 岁推出适合不同年龄层的护肤产品。秘帖系列精华液是入门基本款。

跟着韩剧游韩国

韩剧场景

韩剧无疑是带动韩国观光产业的最大功臣之一，睹景物思剧情，游玩起来分外有感觉。

阁楼上的王子

首尔昌德宫
梨花洞壁画村

因调查世子妃死亡事件，300 年前的朝鲜王世子李恪和 3 名随从意外地穿越到 21 世纪的首尔，遇到并收留他们的朴荷，以及和世子妃相像的洪世娜。经历了一连串爆笑百出的行径之后，也被卷入了和李恪有着相同外貌的电视购物集团会长孙子的失踪案件。在世子与朴荷打打闹闹并相恋的同时，也一步步地揭开 300 年前的命案真相……

世子在两个时空最能维系过去与未来的，就是他所生长的昌德宫。世子在返回朝鲜之前曾和朴荷同游昌德宫，并告诉朴荷他偶尔会在芙蓉池畔藏一些小东西。等到世子回去 300 年前，留下朴荷独自神伤，她重游昌德宫，果然在他们的秘密基地找到世子跨越 300 年写给她的书信。

世子曾偷偷地跟在朴荷身后，学着她与人形立牌拍照，跟着她走过许多有趣生动的壁画。这浪漫又另类的约会场景就是在梨花洞壁画村拍摄的。

女人的香气

首尔汉江
河滨公园

忍气吞声在旅行社工作十余年的李妍采，骤然听到自己身患胆囊癌，只剩下6个月的生命，痛心之余，决定抛弃常年压抑的生活方式，逐步开始新的生活：出国旅行、追求理想中的情人、帮妈妈找到另一半等。

在这趟此生第一次也可能是最后一次的出国旅行中，邂逅了旅行社本部长，他们彼此互相吸引；而帮她抗癌的主治医师，恰巧是从小暗恋她的小学同学。在这两个男人的守护之下，她了无遗憾地走完人生的最后阶段。

剧中多次在汉江河滨公园取景，包括妍采上完探戈课后忽然想游泳，把尾随而至的本部长一起拖下水；本部长刻意安排了一场烟火秀，然后向研采告白；还有妍采知道自己身患绝症后，迟迟不敢告诉妈妈，有一天终于邀请妈妈一起搭乘心仪已久的汉江游船，搭完船后才告诉母亲这个残酷的事实。

仁显王后的男人

首尔景福宫
光化门广场

因为朝鲜肃宗时期出了一位乱政的女人张嬉嫔，这一时期成了韩剧最常演绎的一段历史，《仁显王后的男人》是针对这段历史又改编的一部时空穿越剧，剧中朝臣金封道为了救仁显王后，性命垂危，幸好爱慕他的婢女事先帮他求了一张救命符，让他在刀口下得以穿越时空逃进现代的韩国，保住性命。

在现代，他遇到了身为演员的崔熙珍。她正因能够首度演出仁显王后一角而沾沾自喜，却对这个举止诡异的陌生人一见钟情，不由自主地多次协助他，而金封道也不由自主地频繁穿越时空只为与她相见。

在剧中，一开头他们相遇的场景就在景福宫。后来金封道打算了却前朝的一切，骑着马奔向现代首尔与熙珍相会，也是在景福宫前的光化门广场。这两处颇具代表性的地点在剧中一再出现。

城市猎人

首尔青瓦台
国会议事堂

允诚才刚出世，身为特务军人的父亲朴武烈就因敏感关系被国家5位决策者背叛，无辜牺牲。唯一幸存的李镇彪伤痛欲绝，硬从允诚母亲身边把他抢走，带到泰国金三角抚养长大，然后又送往美国接受教育，好让文武全才的允诚成年后展开一系列复仇计划。剧情发展到最后，才发现允诚的父亲其实是当今的总统……

获得美国博士学位返韩的允诚，选择进入最接近政府核心的青瓦台，担任计算机工程师的工作，并结识了在青瓦台担任警卫的金娜娜。所以韩国的总统府青瓦台成了片中相当重要的故事背景地。此外，有政治人物出现的剧中经常有示威、抗议的场景，所以汝矣岛的国会议事堂也经常出现。

爱情雨

首尔四季之屋
江原道春川

韩剧知名导演尹锡湖，不但拍戏的风格一贯，剧情中的情节元素一贯，就连场景拍摄地都始终如一。例如位于首尔弘大附近的四季之屋，早从《蓝色生死恋》开始就曾经出现，后来成为导演的工作室及对外开放参观的小型展览馆。之后《夏日香气》《冬季恋歌》《春天的华尔兹》等“四季”系列都有用到它，当红偶像张根硕和少女时代的林允儿所主演的《爱情雨》里，它又摇身一变成为徐俊的摄影工作室，再度成为一再出现的重要拍摄地。

此外，打从《蓝色生死恋》开始，尹导演就对江原道情有独钟，偏僻的江原道正是因他的偏爱而成为热门旅游地的。在《爱情雨》里，张根硕所饰演的徐仁河故乡被设定在春川，他曾无奈地躲回家乡，林允儿所饰演的金允熙还特地跑到春川找他，以确定彼此的心意。

秘密花园

济州岛

百货公司的社长金祖沅，集富有、帅气、聪明等种种优点于一身，唯一的弱点是有幽闭恐惧症。他对家境贫穷的武打替身吉萝琳一见钟情，却又无法接受吉萝琳寒酸的衣着和住处，时而关怀备至，时而尖酸刻薄。吉萝琳也很明白彼此身份地位的悬殊，一直推拒着这份感情。

金祖沅的表哥奥斯卡是人气正旺的明星，也是吉萝琳崇拜多年的偶像。在一趟济州岛出外景的旅程中，祖沅和萝琳无意中闯进一家名为“秘密花园”的餐厅，当晚两人都喝下餐厅所赠的药酒，不料一觉醒来，两人竟然互换了灵魂，住进对方的身体，展开一连串趣味的故事，也因此让两人有机会“设身处地”去了解对方的生活。

三位主角在济州岛时进行了一场自行车比赛，借着镜头画面，济州岛的海岸美景尽情呈现在观众眼前。

首尔

早在公元 4 世纪，朝鲜处于三国鼎立时期，韩国今日的首都曾经被百济国选为首都，之后发展的重心才转移到庆州等其他地区。直到 14 世纪末，朝鲜太祖李成桂击败高丽王朝，建立了朝鲜王朝，再度定都当时的汉阳，亦即现在的首尔，首尔才重新主导韩国的历史与发展。

首尔面积约 605.25 平方千米，仅占韩国面积的 0.6%，全市下辖 25 区。自东向西缓缓流过的汉江，将首尔分成南北两个区域，城市周围的低山和丘陵，为这座城市立起了一座屏障。

首尔属温带季风气候，四季分明，春秋两季气候温暖，雨水较少，适合旅游；夏季高温多雨；冬季略微寒冷。

首尔无论是山水风景、建筑古迹、风味美食、人文艺术还是时尚流行，都能在人们与它们接触之中，进一步发现其魅力之处。

首尔交通

如何到达——飞机

首尔有两座机场，分别是仁川机场和金浦机场，前者是韩国最大的民用机场，距离首尔市区 52 千米；后者距离首尔市区 17 千米。自从仁川机场启用后，金浦机场则以韩国国内航班为主。

仁川机场至市区交通

机场巴士

尽管速度不是最快、价格也不是最便宜的，但因搭车处就在机场正门口，路线选择众多，班次密集，不必拖着行李多次上上下下等特点，机场巴士还是许多旅客前往首尔市区最常使用的交通工具。票价会依距离长短而略有不同，单程票价在 10 000~15 000 韩元。

www.airport.kr

机场快线

机场快线分直达列车与一般列车两种，直达列车中途不停站，终点站是首尔市区的火车站，只要 43 分钟车程，票价 13 800 韩元；一般列车中途会停靠数站，票价按距离长短计费，抵达首尔火车站需 53 分钟。在航站楼的地下 2 楼搭乘。

china.arex.or.kr

出租车

出租车分为一般出租车、模范出租车和大型出租车 3 种，一般出租车的颜色有银色、白色或是橘红色，模范出租车则为黑色。

搭乘一般出租车进入首尔55 000~75 000韩元，模范或大型出租车为80 000~110 000韩元。

金浦机场至市区交通

地铁

金浦机场与地铁5号及9号线相连，搭乘地铁是往返首尔市区最方便的方式，单程票价1 150韩元起。

机场巴士

于入境大厅6号出口前的乘车处搭乘，票价会依距离长短而略有不同，单程票价约7 000韩元。

机场快线

位于入境大厅地下3楼，至弘大入口站约14分钟，1 150韩元；至首尔火车站约22分钟，1 250韩元。如果在弘大附近住宿，机场快线会是最方便的选择。

出租车

入境大厅2号出口前方有出租车停靠站，出租车种类及搭乘费用可见上述。

市区交通

地铁

地铁无疑是游玩首尔最重要的交通工具。首尔的地铁交织得密密麻麻，目前共分为1~9号线，另外还衔接仁川线、盆唐线、中央线、机场线、京义线、京春线等不是数字编号、归属于铁道火车的路线。

首尔的地铁从早上5:30左右就开始运行，一直到凌晨才结束运营，班次频繁，2~3分钟就有一班车，十分方便。单程票价1 150韩元起。

www.smrt.co.kr

市区公交车

首尔市区的公交车有蓝色、绿色、黄色、红色等4种，蓝色公交车通常连接首尔市中心区和郊区，编号为3位数，属于干线公交车；绿色公交车多属在有限范围内循环的支线公交车，换乘地铁非常方便，大型车编号4位数，编号2位数的小型车车费比较便宜；黄色公交车在首尔中心地区有限范围内循环，编号为2位数；红色多属于广域公交车，连接首尔中心地区与郊区，编号为4位数，车费较贵。

www.visitseoul.net

首尔城市观光巴士

针对国际游客而特别设计的观光巴士，每天有固定的班次，巡回行驶于固定的路线上，也有固定的停靠站。游客买了车票之后，可以在一天之中随时上、下车。由于巴士停靠的都是首尔市区内最具代表性的观光景点，所以一天就可以游遍首尔重要的观光胜地。

可在任何一站上车直接向车上导游购票，亦可至出发站的售票处购票。售票处位于地铁光化门站6

号出口附近，东和免税店前。

cn.seoulcitybus.com

T Money 交通卡

T Money 卡最早是为了方便市民搭乘地铁、巴士等大众交通工具时使用，后来功能不断增加，不但可以搭地铁、巴士，甚至可以搭乘出租车、打公用电话、在便利商店买东西、在自动售货机买东西、购买景点门票等。

T Money 卡不只可以帮你省掉需要准备许多零钱、现金的麻烦，而且可以省钱。例如每趟市内地铁或公交车，正常的基本费用是 1 150 韩元，如果使用 T Money 卡，每趟只花费 1 050 韩元，省 100 韩元；地铁、巴士之间转乘时，也会有转乘优惠。

T Money 卡不只有卡片的形式，也有做成迷你卡、手机吊饰、手环、随身口哨等特殊版本的卡身，售价从 3 000 韩元到 8 000 韩元不等。另外，游客也可以购买 Seoul City Pass Plus、Korea Pass 等专为游客设计的卡，既可省去卡身的基本费，还可享受例如景点门票折扣等优惠，相当划算。

近年为了方便国际游客，T Money 卡的可使用范围也不断扩大，首尔、京畿道、江原道、忠清道、全罗道乃至于济州岛的部分交通工具都可以使用 T Money 卡。简而言之，在韩国的主要旅游城市，只要有 T Money 卡在手，几乎可以畅行无阻。

T Money 卡可以在标识有“T Money”或“Cash bee”的商店、便利商店购买；各个地铁站的售票机也可以买到。第一次购买卡身，无论是基本卡、Korea Pass 或 Seoul City Pass Plus，都是一张空卡，必须充值后才能使用。通常在购买交通卡的地方就可以直接请服务人员帮你充值，也可以在各个地铁站的充值机自己充值。

eng.t-money.co.kr

旅游咨询

在游客来来往往的地区，也常常会发现写着大大的“i”的旅游服务中心。这里提供首尔最新版

本的地图、旅游信息，甚至有其他旅游服务中心不一定找得到的小地区旅游折页，分外好用。不一定有中文版，但通常至少有英文版。

旅游服务中心不一定附设在正规的建筑物里，有时是道路中央特别盖起的独立小建筑。服务人员也可以针对游客的需求，现场帮忙指点迷津。

江北观光重地的街头，像光化门、明洞、南大门等地区，也常常可以看到穿着印有“i”字红衣服的年轻人，他们多半是会说一两种外语的学生义工，代表旅游服务中心到街上帮助外国游客。他们外语不一定流利，但一定非常热心，会尽其所能地提供帮助。

不过在江北和江南旅游服务中心的密度差别很大，在江南就比较少看到旅游服务中心。

精华景点

明洞·南大门·南山

如果在首尔只有一天的时间，什么地方不可不去？大多数人的答案应该会是“明洞”。明洞是首尔市中心难得的大范围行人步行区，北起乙支路、南止忠武路、西跨南大门路、东达三一路，区域内流行服饰、彩妆保养品、美食餐厅、各级饭店、表演剧场……像围棋子分布在棋盘里面一般，可以说是首尔最具代表性的流行指标地。兼营批发和零售的南大门市场，韩国服饰、运动用品、红参、干货乃至与韩国明星相关的商品，都可以买到；虽然不一定便宜，但也能淘出精品。

南山公园和N首尔塔，是首尔最具代表性的地标，无论白天还是黑夜，从这里俯瞰首尔都很有情调。

明洞乱打专用剧场

- 首尔市中区明洞2街50-14号3楼
- 地铁2号线乙支路入口站下，从5或6号出口出站，步行2~5分钟可达；或搭地铁4号线明洞站下，从6号出口出站，步行5~8分钟可达
- (02) 739-8288
- 每日14:00、17:00、20:00
- VIP席60 000韩元、S席50 000韩元、A席40 000韩元
- nanta.i-pmc.co.kr

乱打秀是韩国最热门的舞台剧，以敲打各式锅碗瓢盆表演出精彩的打击乐，成功地结合了韩国传统打击乐与现代表演艺术，也打破国界与语言的界限，纯以表演艺术来交流。

乱打秀自从1997年首度公开表演以来，广受欢迎。不但在位于贞洞的专用剧场持续表演至今，2009年10月开始也在明洞的联合国教科文大楼开辟了第4个专用剧场，为其中规模最大的剧场，足以容纳386人，让爱逛街又爱看戏的游客不必专程跑一趟贞洞，就近即可观看。

明洞圣堂

- 首尔市中区明洞 2 街 1 号
- 地铁 2 号线乙支路入口站下，从 5 或 6 号出口出站，步行 5~10 分钟可达；或搭地铁 4 号线明洞站下，从 8、9 或 10 号出口出站，步行 5~10 分钟可达
- (02) 774-1784
- 9:00-21:00
- www.mdsd.or.kr

位于明洞闹街上的明洞圣堂，是天主教的大教堂，也是韩国第一个教区，更是韩国天主教的象征性建筑。

1784 年这里就开始有信徒集会，1898 年主要建筑建成，1945 年更名为明洞圣堂。游客可以进入高耸入云的教堂里，参观缤纷的彩绘玻璃及祭坛雕像，宁静的气氛让人身心得到沉淀。教堂旁边有一座展览馆，收藏了教堂旧时的雕像及历史文物，供游人参观。

往教堂后方走去，经过圣母玛莉亚的小花园后，会到达一座地下室。这里是以前的集会场所及收藏殉教者遗物的地方，低矮的地下室原有九座祭坛，目前只剩两座。而矗立于教堂前的白色十字架雕像，是 1988 年设计的作品，充满着现代感的张力。韩剧《原来是美男》中，修女院长从乡下到首尔来，“美男”特地换回女装与修女相会，见面地点就是在明洞圣堂。

首尔国际文化旅游中心

M Plaza 5 楼

地铁 4 号线明洞站下，从 6 或 7 号出口出站，步行 2~3 分钟可达；或搭地铁 2 号线乙支路入口站下，从 5 或 6 号出口出站，步行 6~10 分钟可达

(02) 3789-7961

10:30-22:00

隐身在M Plaza 5 楼的首尔国际文化旅游中心，是一个很值得游客多加利用的地方。除了有亲切的工作人员提供中、英、日语旅游咨询服务，可获得旅游数据外，现场还提供韩国传统服装体验，让游客可以免费试穿拍照；每周还有不同的文化体验课程，像是 K-POP 舞蹈、韩语、韩纸工艺，只是上课时间不同，有兴趣的人需事先领取时间表；另外这里还提供免费上网以及投币式置物柜，后者对在明洞买太多东西又不想一路拎着走的人来说，是超级贴心的服务。

南山公园

首尔市中区会贤洞 1 街 100-177 号

地铁 4 号线会贤站下，从 1 号出口出站，往会贤地下街的方向前进，然后往南山方向步行约 10 分钟抵达南山玻璃扶梯，搭玻璃扶梯可达南山缆车站；或搭地铁 4 号线明洞站下，从 3 号出口出站往 Pacific Hotel 方向，步行约 10 分钟可达南山缆车站；或搭南山巡回巴士 2 或 3 号上、下山

www.nseoultower.com

韩国之所以选定首尔为首都，就是因为它北有北汉山、南有南山围绕的易守地理条件。南山过去担负着李氏朝鲜时代保卫首都的重责，现在看来仍以镇守皇宫之姿昂然耸立着。公园的西侧为植物园、市立图书馆和安重根义士纪念馆；东侧则有国立剧场、奖忠坛公园；山顶有 N 首尔塔。

N 首尔塔

首尔市龙山区龙山洞 2 街山 1-3 号

同南山公园

(02) 3455-9277

周日至周四 10:00-23:00，周五至周六 10:00 至次日凌晨

观景台全票 9 000 韩元、半票 5 000~7 000 韩元，观景台加泰迪熊博物馆联票全票 14 000 韩元、半票 7 000~10 000 韩元

www.nseoultower.co.kr

MUST-VISIT 必游之地 PLACES

N 首尔塔原名叫南山塔，塔高 236.7 米，建在 243 米高的南山上，因此海拔为 479.7 米，是韩国最早设立的电波塔，向首尔和周围地区传送电视和广播信号。2005 年经过全面整修，改名为 N 首尔塔，不但有 360° 俯瞰首尔市区的观景台，还有旋转餐厅、泰迪熊博物馆、咖啡厅等，是首尔当地人假日的热门去处，也是游客必到访的胜地之一。

泰迪熊博物馆

N 首尔塔 1 楼展示馆
同南山公园
(02) 3789-8488
10:00–22:00（21:00 最后入场）
全票 8 000 韩元、半票 5 000~6 000 韩元，观景台加泰迪熊博物馆联票全票 14 000 韩元、半票 7 000~10 000 韩元
www.teddybearmuseum.co.kr

N 首尔塔的泰迪熊博物馆分为两个展场：一个通过泰迪熊角色扮演，来回顾大韩民族 600 多年的历史演变；另一个则是跟随泰迪熊的脚步，踏遍首尔各大代表区域，如青瓦台、市厅广场、明洞、仁寺洞、东大门、清溪川、狎鸥亭、弘大等，别具趣味。

南山缆车

- 首尔市中区会贤洞1街山1-19号
- 地铁4号线会贤站下，从1号出口出站，往会贤地下街的方向前进，然后向南往南山方向步行约10分钟抵达南山玻璃扶梯，搭玻璃扶梯可达南山缆车站；地铁4号线明洞站下，从3号出口往Pacific Hotel方向，步行约10分钟可到南山缆车站
- (02) 753-2403（日）、(02) 757-1308（夜）
- 10:00-23:00
- 全票单程6 000韩元、往返8 000韩元，半票单程3 500韩元、往返5 000韩元
- cablecar.mir9.co.kr

南山缆车既是上南山重要的交通工具，也是首尔最浪漫的地方，经典韩剧里几乎都有在这里拍摄。像《我叫金三顺》里玄振轩苦苦追着三顺央求她回餐厅工作，三顺自顾自地买缆车票完全不想理他；还有《开朗少女成功记》里男主角终于决定表明心意，就是约女主角一起去搭缆车；韩版《流星花园》具俊表决定和金丝草约会，却阴错阳差被关在缆车里直到天亮。因此不少韩剧迷到首尔一定要搭乘南山缆车，感受一下如韩剧般的浪漫。

南山玻璃扶梯

- 首尔市中区会贤洞 2 街
- 地铁 4 号线会贤站下，从 1 号出口出站，往会贤地下街的方向前进，然后向南往南山方向步行约 10 分钟可达
- 9:00 至次日凌晨

以往上南山，要走大约 10 分钟的山路才能到达山腰处的缆车站，相当辛苦。2009 年政府斥资建设的电动玻璃扶梯完成之后，可以先搭免费的玻璃扶梯到缆车站，再转搭缆车即可来到南山顶。整体透明的玻璃电梯里一趟可容纳 20 个人左右，随着陡峭的山坡缓缓而上，不但节省游客许多体力，俯瞰明洞地区视野也很棒。

景福宫·仁寺洞·东大门

钟路是首尔江北一条横贯东西的大马路。在朝鲜时代，钟路以北大致是贵族、两班、有钱人居住的地区，钟路和清溪川以南则是中下阶层聚居的地方。

目前的钟路区，保留有许多珍贵的宫殿、寺庙、古老韩屋、历史悠久的市集。从包括朝鲜时代王室坐镇的景福宫、光化门广场一带到贵族两班居住的北村、仁寺洞地区，到市井小民交易繁忙的东大门市场，以及文风鼎盛的大学路，都属于钟路区，钟路区每一个地段都有不同的迷人元素，可以说是首尔最重要的旅游地区。

景福宫

MUST-VISIT 必游之地 PLACES

- 首尔市钟路区世宗路 1-1 号
- 地铁 3 号线景福宫站下，从 5 号出口出站，步行 2~5 分钟可达
- (02) 3700-3904
- 3—10 月 9:00-18:00，11 月至次年 2 月 9:00-17:00，5—8 月 9:00-19:00(入场至关门前 1 小时)；每日 10:30、13:00、15:00 有中文导览，至兴礼门内景福宫咨询处前出发，需 60~90 分钟（周二休息）
- 全票 3 000 韩元、18 岁以下免费 (可参观国立古宫博物馆、国立民俗博物馆)；四大宫 (景福宫、昌德宫、昌庆宫、德寿宫) 与宗庙的联票 10 000 韩元，有效期 1 个月，在四大宫及宗庙的售票处皆可购买
- www.royalpalace.go.kr

景福宫是朝鲜王朝始祖李成桂建设的正式皇宫，华丽精美的宫殿在 1592 年的壬辰之乱时大部分被烧毁了。随后这座宫殿成为废墟长达 273 年，一直到 1865 年时，当时的皇帝高宗的亲生父亲兴宣大院君为了重振王朝的权威，于是决定开始进行重建计划。

不幸的是，重建后的景福宫在日本殖民统治时期再度遭日军毁坏。为了破坏景福宫的灵气，日军还在正殿——勤政殿里面盖了一栋巨大的西式建筑物（即现在的国立古宫博物馆），以作为朝鲜总督府的办公大楼。一直到 1994 年，为了庆祝首尔建都 600 年，韩国政府才开始进行一连串的内、外部整修计划，时至今日整修仍在进

行中。每年 12 月 31 日景福宫会敲响 33 次钟声，是首尔最具代表性的迎新年活动。

光化门广场

首尔市钟路区世宗路

地铁 5 号线光化门站下，从 2 号出口出来即置身于广场之中；其余 3、4、7 号出口也在附近

(02) 731-6611

square.sisul.or.kr

曾经是朝鲜时代政权中心地的光化门一带，2009 年 8 月改头换面，呈现崭新的广场，将军李舜臣和世宗大王的巨型铜像遥遥相对，与两人背后的景福宫、北汉山连成一线，呈现相当恢宏、壮阔的气势。

李将军身边的喷泉不定时喷发，夜晚再配合 LED 灯的照明，营造出更华丽的画面。包括《特务情人 Iris》《城市猎人》《仁显王后的男人》等韩剧中，光化门广场都成为相当重要的场景。

青瓦台

星级推荐

- 首尔市钟路区世宗路 1 号
- 地铁 3 号线景福宫站下，从 4 或 5 号出口出站，步行 30~40 分钟可达
- (02) 730-5800
- 周二至周六 10:00、11:00、14:00、15:00（一日 4 次，周六只接待个人游客），需花费 60 分钟
- english.president.go.kr
- 限小学生以上，需预约参观。10 天前用电子邮件以韩文或英文注明姓名、出生日期、护照号码、国籍以及希望参观的日期和时间，向青瓦台预约。当天于 20 分钟前在景福宫东侧停车场的会面广场集合，需出示护照

青瓦台为韩国总统居住的官邸，因建筑物屋檐为青色而被称为青瓦台。在金泳三执政前，这一区是全面警戒区，现在则开放部分区域供游客参观。

虽对外开放，但全副武装的警备人员仍随处可见，想留下纪念照时，也得注意选择拍照的地点。目前供拍照的区域只有凤凰雕像的圆台前方处和青瓦台正对面的站岗卫兵前。

清溪川

地铁 5 号线光化门站下，从 5 号出口出站，步行 1~2 分钟可达；或搭地铁 1 号线分别至市厅站、钟阁站、钟路 3 街站、钟路 5 街站、东大门站、新设洞站；或搭地铁 2 号线至乙支路入口站、乙支路 3 街站、乙支路 4 街站、新堂站、上往十里站；或搭地铁 4 号线至东大门历史文化公园站，步行皆可达清溪川畔

www.cheonggyecheon.or.kr

MUST-VISIT 必游之地 PLACES

横贯首尔江北中心地区的清溪川，是一条人工开凿、从市政府附近的光化门区域往东延续到上往十里区域的一条溪流。清溪川开川的历史已经超过 500 年，原本是一条天然的水道，后经人工整治之后有了现在的雏形。

近年来韩国政府大刀阔斧地展开了清溪川的重建工作，幅面不宽的水道两旁除了植满树木之外，更可在溪道上看到不少用心之处。像是由韩国传统名画所装饰成的壁画，还有重现了古早居民所使用的洗衣石与各式石桥，整条溪段在夜间更点缀了色彩华丽的灯光设计，让开发已久的江北地区多了一股浪漫的气息。

韩国观光公社

- 首尔市中区清溪川路 40 号 B1 楼
- 地铁 1 号线钟阁站下，从 5 号出口出站，步行 2~3 分钟可达
- (02) 729-9497
- 9:00-20:00
- big5chinese.visitkorea.or.kr

韩国观光公社有观光咨询处，提供中、日、英文的详细观光数据和地图，也有会讲英文及中文的服务人员，有问题可以向他们请教。另有免费的计算机查询服务，可以上网查询数据、寄发邮件。

韩国观光公社附设了一个影音中心，影迷可以与心仪的偶像人形立牌合照，还可以购买相关的纪念品带回家。假日则可以免费穿着韩服拍照留念。

贞洞剧场

- 首尔市中区贞洞 100-120 号
- 地铁 1 或 2 号线在市厅站下，从 1 或 12 号出口出站，步行 5 分钟可达
- (02) 751-1500
- 16:00、20:00 两场（周一休息）
- R 席 50 000 韩 元、S 席 40 000 韩 元、A 席 30 000 韩元
- www.chongdong.com

韩国传统艺能表演的专用剧场，目前长驻演出的《美笑（Miso）》是以传统才子佳人的故事，把最具有韩国之美的音乐、舞蹈与传统民俗技艺搬上舞台。不仅仅是把韩国文化的美和活力呈现给大众，也希望在每一位观众的心里留下深刻的印象。

德寿宫

首尔市中区贞洞 5-1 号

地铁 1 或 2 号线市厅站下，从 2 或 12 号出口出站，步行 1~3 分钟可达

(02) 771-9955

9:00-21:00，周二至周五、单月份周日、双月份周六 13:40 有中文导览（假日无）（周一休息）

全票 1 000 韩元、18 岁以下免费

www.deoksugung.go.kr

大汉门前的德寿宫王宫守门将交换仪式 11:00、14:00、15:30（周一、酷暑期、严寒期不举行）

MUST-VISIT PLACES 必游之地

德寿宫原为成宗之兄月山大君的住宅，不过在壬辰倭乱时，由于所有的皇宫都被烧毁，于是在 1593 年将之作为行宫。宫殿原名为庆运宫，后来为了祈祷高宗皇帝万寿无疆，于是将名称改为“德寿宫”。

朝鲜倒数第二任皇帝高宗在位时，一方面受到日军的压迫，一方面则沦为日俄交恶之际的牺牲品，可以说是韩国政治史上最悲壮的一页。最后皇帝更在日军胁迫下被迫让位，并于 1919 年在德寿宫的咸宁殿驾崩。

今日所见到的德寿宫大部分建于 1904 年以后，它的规模比起其他皇宫来说算是较小的，但因为位于首尔的市中心，加上绿荫扶疏，反而成为首尔市民最爱的休憩公园。

原州韩纸特约店

首尔市钟路区宽勋洞 121 号
地铁 3 号线安国站下，从 6 号出口出站，步行 2~5 分钟可达
(02) 737-3064
9:00-20:00
www.wonjoohanji.com

这家店会打着原州韩纸的称号，主要是因为店家的纸厂设在原州。由于有自家工厂做后盾，这家韩纸店里手工制作的韩纸工艺品种类很多。纸盒、卡片、拆信刀、杯垫等，花样十分雅致。

国际刺绣院

- 首尔市钟路区宽勋洞 197-28 号
- 地铁 3 号线安国站下，从 6 号出口出站，步行 5~8 分钟可达
- (02) 723-0830
- 10:30-21:00
- www.suyeh.co.kr

1979 年设立的国际刺绣院，以保存韩国传统手工编织艺术为宗旨，并通过海内外参展、举办各式各样的活动，尝试把这项传统技艺发扬光大。创立者本身就是位传统手工编织艺术家，毕生从事于创作与教学工作，目前仍在为此而努力。这里展售的所有商品皆为手工制作，将韩国传统图样通过刺绣展现出来，既精巧又细密，经常会有青瓦台的贵客到此参观。

刀剑展示馆

首尔市钟路区宽勋洞 192-11 地下 1 楼
地铁 3 号线安国站下，从 6 号出口出站，进入仁寺洞直行过国际刺绣院后的巷口右转，步行 6~8 分钟可达
(02) 735-4431
周一至周五 10:30-19:00，周六、周日和法定假日 10:30-18:00
入场费 1 000 韩元
www.knifegallery.co.kr

全韩唯一的刀剑展示馆，最早创立于 2001 年。馆主收藏来自韩国、日本、中国各地共 6 000 多把刀剑，包括世界刀剑专家打造的作品、电影中曾经使用过的道具、装饰用剑等，数量相当可观。在宽敞的地下室展示空间里分区展示，也有生活用具式的刀剑类可供购买。

耕仁美术馆

首尔市钟路区宽勋洞 30-1 号
搭地铁 3 号线安国站下，从 6 号出口出站，穿越仁寺洞后，从首都药局的巷子左转直行约 30 米再左转，步行 6~10 分钟可达
(02) 733-4448
美术馆 10:00-18:00，茶馆 10:00-23:00
www.kyunginart.co.kr

耕仁美术馆是一处充满人文气息的艺术空间，它由好几幢韩屋包围组成，其中靠外侧的韩屋被用作茶馆，游客可以坐下来饮茶、歇脚。另几幢韩屋则为展览厅，分别根据不同的主题举办各种艺术展出，光线和建筑本身的特色交相辉映，使得展出效果特别好。展场免费对外开放参观。园区里自然堆砌的陶瓮衬着庭院景观，整体氛围极佳。

大学路

地铁 4 号线惠化站下，从 1、2、3 或 4 号出口出站即达

必游之地 MUST-VISIT PLACES

位于东大门北侧的大学路，以小剧场表演著称，1997 年为世界戏剧节所设计的雕塑成为最有戏剧感的公共艺术，也象征当地剧场表演的活跃度。游客走在大学路的街巷里，随处可见各家剧团的宣传海报，任意一处转角就有正上演戏剧的剧场。剧场内的电影院也进行各类影展，即使不谙韩文，也能感受到戏剧的能量。周末午后的公园，有不少学生等不及舞台灯亮，在广场上就开始即兴表演。

大学路上有各式咖啡厅，提供气氛各异的休憩空间，当地人的建议是，想去一家好咖啡厅，到公园后方寻找就对了！

马罗尼埃公园

地铁 4 号线惠化站下，从 2 号出口出站，步行 2~3 分钟可达

公园入口处矗立了一座 1997 年世界戏剧节的纪念雕塑。雕塑是三角鼎立，上方以一圆盘联结，象征世界人们可由戏剧文化突破国籍藩篱，因文化交流而凝聚彼此。

公园不大，平日是附近小朋友的游乐场，周末就变成露天表演场，不少社团或业余表演团体都会参与。公园的另一角是售票处，想看戏的朋友除了到各剧场买票，也可直接在公园的售票口询问相关演出信息或购买门票。

骆山公园

地铁 4 号线惠化站下，从 2 号出口出站，步行 10~15 分钟可达
(02) 743-7985
parks.seoul.go.kr

以花岗岩构成的骆山公园，因山形远看像骆驼的背，所以称为“骆山”。

在朝鲜时期，这里是王公贵族们休闲玩乐的后花园，后来遭到破坏，直到 2002 年重新整修开放，才恢复成一块美丽的绿地。在这里也可以欣赏到首尔市区的美景。

梨花洞壁画村

地铁 4 号线惠化站下，从 2 号出口出站，步行 15~25 分钟可达

前往骆山公园的路上，会发现一些漂亮的壁画和装饰艺术，它们隐身于巷弄之间。或者是平房墙上的美丽涂鸦，或者是石阶小路上的可爱图画，这些都是数年前当地人进行的公共美术骆山工程之一。而这些画作，让游客上上下下的爬坡变得有趣起来，没有人会知道，下一个转角又会发现什么样的景色。它们为这一路的小旅行增添了许多迷人的风景。

首尔文庙

首尔市钟路区明伦洞 3 街 53 号

地铁 4 号线惠化站下，从 1 号出口出站，然后转搭学校的接驳车，进入校园后第一站下车，步行 1~2 分钟可达

(02) 760-1472

www.skkok.com

首尔文庙的遗址就位于成均馆大学的校园内，是朝鲜时期培养人才的最高教育机构。虽然原貌已经摧毁，但是当时的讲堂——明伦堂所幸得以保存下来，和门前两棵 600 多年的银杏树一起见证了韩国教育的发展史。

北村 · 三清洞

景福宫、昌德宫与昌庆宫之间的北村一带，在过去是贵族的聚集地，位于天子脚下的首善之区，可以说是首尔最有古韵的地方。百年老韩屋鳞次栉比，精致的私人博物馆与茶屋等着游客探访。

北村最西北侧、最靠近景福宫的三清洞，则进一步把韩屋改装成更具现代化色彩的商店、餐厅、咖啡馆，对年轻人而言更具吸引力。

北村

地铁 3 号线安国站下，北村分布的范围很广，有些地区适合从 1 号出口出站，有些则适合从 2 或 3 号出口出站，且彼此之间的距离较远，从东端到西端要步行 30 分钟以上。逛北村的时候，记得穿一双耐走且舒适的运动鞋

MUST-VISIT 必游之地 PLACES

北村的小巷子里保存了 900 多间韩屋，这些韩屋少说也有四五十年的历史，更悠久的可追溯到 100 多年前。其中大部分还有人居住，保存较完好的则改为博物馆、民宿、工艺馆、餐厅等，欢迎好奇的游客投宿，让游客可以在生活中体验韩屋之美；有的则改建后由政府承租给艺术家，可以拥有 3 年的时间在韩屋里展示作品，同时也吸引了游客来此参观。

北村文化中心

首尔市钟路区桂洞 105 号

地铁 3 号线安国站下，从 2 或 3 号出口出站，步行 3~5 分钟可达

(02) 3707-8388

9:00-18:00（周一休息）

bukchon.seoul.go.kr

建成韩屋外观的北村文化中心，除了提供给游客韩文、日文、英文的小册子外，还设有展览馆，可以通过欣赏影像了解韩屋的历史，或是通过计算机或交互式的媒体了解韩屋如何保存，可惜的是目前还没有中文解说。

此外，北村文化中心从周一至周六每天都会举办不同的讲座，内容有关韩国传统民画、礼节、针线、茶道等，欢迎游客参观。

昌德宫

必游之地 MUST-VISIT PLACES

- 首尔市钟路区卧龙洞 110-360 号
- 地铁 3 号线安国站下，从 3 号出口出站，步行 6~10 分钟可达
- (02) 762-8261
- 9:00-18:00（依季节而异），依不同语言导览入场时间不同。中文导览时间参观各宫殿为 16:00，参观后苑区域为 12:30（周一休息）
- 宫殿全票 3 000 韩元、半票 1 500 韩元，后苑全票 5 000 韩元、半票 2 500 韩元
- www.cdg.go.kr
- 为了保护世界文化遗产，也避免游客走失，昌德宫分英、中、韩、日语专人导览，游客选择、购票后在大门口集合等待即可

昌德宫建于 1405 年，本为朝鲜第三代国王太宗所建的离宫。1592 年壬辰倭乱时，汉阳大部分宫殿被火灾所毁，景福宫残破未予重建。1610 年，光海君重建昌德宫，将其恢复昔日风采后 270 年间都作为朝鲜正式的宫殿。

根据自然地形来搭建的昌德宫，总面积达 39 万平方米，古意盎然的宫殿建筑和传统造景的后苑都韵味隽永，为朝鲜时期宫殿中保存最为完整的一座，并在 1997 年列入《世界遗产名录》。

目前开放参观的有宫殿与后苑两部分，后苑一定要跟随导览人员才能入内。后苑种植多达 160 种树木，松树、银杏、枫叶等随着四季迁移改变叶子的颜色，有些树龄比宫殿还久远，景色相当优美。韩剧《阁楼上的王子》里多次提及的芙蓉池，就在后苑里。

韩尚洙刺绣展示工房

- 首尔市钟路区嘉会洞 11-32 号
- 地铁 3 号线安国站下，从 2 号出口出站，经游客服务中心至嘉会洞的路口右转，经过东琳绳结博物馆后左转，步行 10~15 分钟可达
- (02) 744-1545
- 10:00-17:00（周一休息）
- 全票 3 000 韩元、半票 2 000 韩元，体验课程需另行咨询
- www.hansangsoo.com

韩尚洙女士是一位韩国的刺绣能手，设置工房是为了传播刺绣艺术，并传承及创新这项文化，内部除了展出韩老师的作品外，也有多件 17 世纪的刺绣作品。除了每年常设的展览与特别企画展，也筹划了可以让游客直接体验的相关活动。

嘉会博物馆

- 首尔市钟路区嘉会洞 11-103 号
- 地铁 3 号线安国站下，从 2 号出口步行 10~15 分钟可达
- (02) 741-0466
- 10:00-18:00（周一休息）
- 全票 3 000 韩元、半票 2 000 韩元
- www.gahoemuseum.org

嘉会博物馆是一座私人博物馆，收藏了 2 000 多件传统的民画艺术品，其中符籍就有 800 多件，还有 700 多件民画、150 件典籍类、100 多件巫神图，并有其他民俗材料 150 多件。其中很多作品由于年代久远，作者不详，但是精细程度令人惊叹。

宗家泡菜世界

星级推荐

首尔市钟路区庆云洞89-4号云岘宫SK Hub大楼（后幢）

地铁3号线安国站下，从5号出口出站，步行1~2分钟可达

(02) 3290-8801

9:00-18:00，整点开课

免费入场，课程体验每人28 000韩元

www.daesangfnf.com

宗家企业是在国际上推广韩国泡菜相当成功的一家企业，2010年年底开辟了这个“泡菜世界”。其室内面积广阔，分为信息区、体验区和售卖区。在信息区里详细介绍了泡菜的历史、功效等相关信息；体验区可以学习制作泡菜、韩式浊酒等，做完不但可以试吃，还可以把自己的“作品”带回家；售卖区则销售宗家企业生产的泡菜、酱、鱼酱小菜、茶、浊酒等。

北村生活史博物馆

首尔市钟路区三清洞35-177号

地铁3号线安国站下，从1号出口出站，直行约150米的巷子右转经过丰文女高、德成女高、游客服务中心一路北行，步行20~25分钟可达

(02) 736-3957

10:00-18:00

3 000韩元

www.bomulgun.com

北村生活史博物馆本身是一间古老的韩屋，2003年开放为私人博物馆，收藏着许多北村人早年所使用的生活物品，包括朝鲜时代的衣裳、鞋子，贵族家中的桌椅橱柜、书籍、锅碗瓢盆、石磨、酱缸等。庭院里还有古时的灶、汲水器、农具等，文物达两万余件，琳琅满目，非常可观，仿佛韩国古装剧的布景重现眼前。

北村东洋文化博物馆

- 首尔市钟路区三清洞 35-91 号
- 地铁 3 号线安国站下，从 1 号出口出站，直行约 150 米的巷子右转经过丰文女高、德成女高、游客服务中心一路北行，至北村路 11 街路口右转，再直行约 300 米可达
- (02) 486-0191
- 10:00-19:00（周日休息）
- 全票 5 000 韩元、半票 3 000 韩元
- www.dymuseum.com

北村东洋文化博物馆曾经是朝鲜时代名臣孟思诚的宅邸，后来的主人不但把它开放为博物馆，并且把自己 30 余年珍贵的收藏拿出来与大众分享。展出物品之中包括明成皇后的手迹、来自乾隆皇帝的田黄石印章、北魏及唐、宋等朝的佛教艺术品，以及许多名人的书法、绘画、陶瓷器皿等，每一样都弥足珍贵。博物馆是运用古老的韩屋瓦片，遵循古法堆砌而成。而且此处位于北村的最高点，俯瞰邻近地区的视野颇佳。

梨大·新村·弘大

梨花女子大学是韩国著名的女子学校，在其周边的街道全是女大学生们最爱的服饰店、彩妆店、甜品店和咖啡屋，形成了有名的商圈，无论怎么走怎么逛，都有许多小店可以寻宝。

而以延世大学展开的新村，在延世路和名物街一带同样商店、百货公司、餐厅林立，价格实惠，符合学生的消费需求。

弘大是指以艺术系驰名的弘益大学，随着它浓厚的艺术气息，周边商圈也洋溢着年轻、不羁的艺术气息，特色商家林立，愈晚愈热闹。

梨大街头

地铁2号线梨大站下，从1、2、3或4号出口即达

星级推荐

梨花女子大学附近的街道上全是跟女孩子有关的商店，无论是随性混搭的漂亮服饰店、缤纷的彩妆店、个性化的文具店、包包店，还是甜品店、咖啡屋等，都可以在这里找到。深入小巷中，到处都是个性化的小店，想买年轻、漂亮的时尚韩服，这里是很好的选择。

梨花女子大学

- 首尔市西大门区大岘洞 11-1 号
- 地铁 2 号线梨大站下，从 2 或 3 号出口出站，步行 8~10 分钟可达
- (02) 3277-2114
- www.ewha.ac.kr

MUST-VISIT 必游之地 PLACES

梨花女子大学是韩国著名的女子学校，成立于 1886 年，“梨花”二字是明成皇后所赐，意谓“成为优秀人才”。电影《我的野蛮女友》中那个又美又会弹钢琴的野蛮女生，就是梨花女子大学的学生。

在韩国，人们一听到是梨花女子大学毕业的学生，多半会肃然起敬；而由这所优秀学府所培养出来的优秀女子，许多成了达官贵族的夫人。

梨大的校园真的很美，除了多座优美的欧式建筑，也穿插着以玻璃墙为外墙的崭新建筑。游历其间，只觉得自身气质仿佛也跟着高雅了起来。

弘大停车场街

地铁2号线弘大入口站下，从9号出口出站，步行3~5分钟可达

一般所说的弘大停车场街，几乎就是指这条街，道路两旁个性商店、餐厅与酒吧林立，中间却是画有整齐停车格的停车场，所以有此昵称。停车场街由于店家都很有特色，价格又颇符合学生的消费标准，所以成为这一带最热闹的地区。韩剧《玛丽外宿中》中的很多镜头是在这里拍摄的。张根硕另一部成名作《原来是美男》里，他也是在这里以100 000韩元买了一个本来只要3 000韩元的发夹，然后开车匆匆离开。

3D幻觉立体美术馆

- 首尔市麻浦区西桥洞357-1号B2
- 地铁2号线弘大入口站下，从9号出口出站，过游客服务中心后，走弘大停车场街后侧与之平行的那条巷子步行4~8分钟可达
- (02) 3144-6300
- 10:00-21:00（入场至20:00）
- 全票13 000韩元、半票11 000韩元
- www.trickeye.com

2010年年底才开放的3D幻觉立体美术馆，是一家非常有趣的美术馆，利用视觉错觉的技法，大开世界名画的玩笑，让每位游客都可以成为搞怪的一员，并随自己的兴趣拍照留念。位于地下室的美术馆空间相当大，有凡·高、达·芬奇、雷诺阿、蒙克等大师被“变形”了的名画，也有发胖的戴维雕像，还有相当考验视觉判断力的镜子迷宫等。馆内另有花猫画廊和圣托里尼首尔画廊，以及以希腊喷泉雕像为主题的咖啡厅。

弘大街头涂鸦

首尔市麻浦区西桥洞＆上水洞

地铁 2 号线弘大入口站下，从 9 号出口出站，步行 8~10 分钟可达弘益大学

www.gumiya.co.kr

星级推荐

弘大是韩国最知名的艺术大学，美术系、建筑系、音乐系以及设计系在韩国享有极高的评价，历年来名人辈出，所以在弘大附近的街头，涂鸦墙特别多，不少墙壁成为美术系学生们练习的画布。这里每年还会举办街头美术展。街头涂鸦不难找到，尤其在弘大正门左侧的两条巷子里，很容易就看得到色彩缤纷的画作。

四季之屋

- 首尔市麻浦区上水洞 86-10 号
- 地铁 6 号线在水站下，从 2 号出口出站，步行 3~5 分钟可达；或搭地铁 2 号线弘大入口站下，从 9 号出口步行 15~20 分钟可达
- (02) 3141-9027
- 周一至周五 10:00-17:00，周六 10:00-14:00（周日休息）
- 成人 5 000 韩元（最好事先预约）
- www.yoonscolor.com

星级推荐

四季之屋是由首尔市政府与执导《冬季恋歌》《蓝色生死恋》等电视剧的大导演尹锡湖的制作公司 Yoon's Color 共同打造的。这里曾经是这些经典韩剧里的场景，后来作为“四季”系列韩剧的主题展览馆。这里借着《爱情雨》，又成为剧迷们来访的热门景点。

想象中的庭园

首尔市麻浦区西桥洞 367-5 号
地铁 2 号线弘大入口站下，从 9 号出口出站，步行 8~12 分钟可达；或搭地铁 6 号在线水站下，从 1 号出口出站，步行 8~12 分钟可达
(02) 330-6221
12:00-23:00（每月第一个周一休息）

这座 2007 年开幕的综合性文化大楼，7 层的玻璃帷幕上，以清水泥做出蝴蝶翅膀纹路般的效果，外观与众不同。各层展出绘画、装饰艺术、现代设计、电影、影像等各种分类的创意作品，这里可以说是培育首尔新锐艺术家的摇篮。

1 楼为商店和咖啡厅，售卖艺术家的设计作品、个性杂货和与生活息息相关的作品，既实用又充满创意，造型独特的文具特别受顾客喜爱；2 楼作为艺廊，不定期展出当代艺术作品；3 楼规划为艺术市集，新晋艺术家在此售卖并展示自己的作品。地下 1 楼是展演空间，地下 2 楼还有小型电影院，专门播放新锐导演的电影作品。除了 1 楼，6 楼另有一家咖啡店，提供咖啡与酒精饮料，店内所展出的艺术家作品，约半个月更换一次。看完展览的作品，这里还有一项超值的服务：店里收藏着 3 200 张光盘，顾客可以试听喜欢的音乐，接触流行音乐以外的韩国音乐。

M2

- 首尔市麻浦区西桥洞 367-11 号 B1
- 地铁 2 号线弘大入口站下，从 9 号出口出站，步行 8~12 分钟可达；或搭地铁 6 号线在水站下，从 1 号出口出站，步行 8~12 分钟可达
- (02) 3143-7573
- 周日至周四 21:00 至次日 5:00，周五、周六 21:00 至次日 6:00
- 周日至下周四 10 000 韩元，周五、周六 22:00 前 15 000 韩元，22:00 后 20 000 韩元
- www.ohoo.net

M2 是首尔最大也是最有名的舞厅。两层楼高的广场内到了周末就会挤进上千名年轻人尽情热舞。这里的音乐以 House 为主，并时常邀请海外一流的 DJ 来表演。强烈的节奏配合重金打造的炫目灯光，让台下年轻人一个个嗨到最高点。

梨泰院

位于龙山地区的梨泰院，因为过去曾是美军基地，现在则成了外国人的聚集地，可以说是首尔里的小小地球村。街道上来自世界不同地区的舶来品、精品服饰店、异国美食餐厅，让整个区域充满了丰富的异国色彩，和首尔其他地区的感觉不太一样。

梨泰院古典家具大街

首尔市龙山区梨泰院洞
地铁 6 号线梨泰院站下
10:30-21:30

从地铁站 3 或 4 号出口向南走，延续到向西转的下坡路沿途，都可以看到接二连三的仿古董家具店，有的店家直接把家具搬到走廊上来，有的店家则利用这些家具把门面装点得韵味十足。因为从 20 世纪 60 年代开始，驻韩的美军们回国前纷纷把家具变卖，这条街便成了欧美风格的古典家具集散地。有兴趣的人慢慢逛，或许能找到不少难得的宝物。

三星美术馆

- 韩国首尔市龙山区汉南洞 747-18 号
- 地铁 6 号线汉江镇站下，从 1 号出口出站，向梨泰院方向步行 100 米后于右边第 1 条巷子右转，再往山坡上去，步行 5 分钟可达
- (02) 2014-6900
- 10:30-18:00（周一休息）
- 全票 10 000 韩元、半票 6 000 韩元
- leeum.samsungfoundation.org

三星集团创办人李秉喆热心收集韩国文物，美术馆名称将李秉喆的姓氏李“Lee”和美术馆“Museum”结合成“Leeum”。

美术馆由展示韩国古代美术的 1 馆及展示韩国和外国近现代美术的 2 馆组成，再加上三星儿童教育文化中心，形成复合式的文化园地。馆前有法国艺术家 Louise Bourgeois 的两只大型蜘蛛艺术作品，造成错落的空间趣味。

负责 1 馆的瑞士建筑师 Mario Botta，建筑灵感来自于韩国的传统陶艺——赤陶，呼应韩国的古代美术藏品。法国建筑师 Jean Nouve 则运用不锈钢和玻璃，以黑色为基调，创造出数个正方体集结的建筑外观。出自荷兰建筑师 Rem Koolhaas 之手的三星儿童教育文化中心，突破楼层的概念，在建筑中造出另外一个馆场，还利用坡地的地形落差，将前方建筑的屋顶设置成游戏空间。而每人一台掌上电脑，只要接近艺术品就会自动感应，以游客选择的语言解说，更让人见识到在细节上的创意。

江南

这里的“江南”泛指汉江以南，范围非常广，从最西边的汝矣岛、瑞草区，到中心段的新沙洞、狎鸥亭洞、清潭洞、三成洞，再到东侧乐天世界所在的蚕室洞，很难用三言两语概括清楚。

不过如果提到“江南”，一般脑海中会浮现的印象是：全首尔最贵的地段、名牌、精品、高级餐厅等。江南是首尔新发展的地区，街道宽广，高楼大厦林立，景点之间的距离比较远，和汉江以北展现出截然不同的风情。

新沙洞林荫道

地铁 3 号线新沙站下，从 8 号出口出站，直行约 300 米后左转可达

被誉为“江南明洞”，街道不过五六百米长，两旁树木成荫，一家家精品店毗邻而立，漫步其间仿佛置身法国的香榭丽舍大街般。

这条街上除了聚集设计感强烈、充满流行元素的服饰店，更有多家风格独具的餐厅、咖啡厅。每逢秋季，金黄色的银杏叶更为大道装点浪漫气氛。

中心城

首尔市瑞草区盘浦洞 19-3 号
地铁 3、7、9 号线高速巴士客运站下，从 2 或 3 号出口出站
(02) 6282-0114
www.centralcityseoul.co.kr

中心城不仅是长途巴士的起始点、3 条地铁线的交会处，也是 60 多条市区巴士的总停靠站，可以说是全国陆路的交通枢纽。新世界百货公司、JW Marriott 饭店、中心公园等连成一排，连银行、邮局、大型书局、电影院、医院、停车场等都有，实在是机能非常完整的综合性文化空间。

盘浦大桥月光彩虹喷泉

首尔市瑞草区盘浦 2 洞 115-5 号
地铁 3、7 或 9 号线高速巴士客运站下，从 8-1 号出口出站，步行 12~15 分钟可达
(02) 3780-0541
每年 4—6 月、9—10 月周一至周五 12:00、20:00、21:00，周六、周日和法定假日增加 17:00、20:30 场次；7—8 月周一至周五 12:00、18:00、20:00、21:00，周六、周日和法定假日增加 22:00 场次，每场表演约 15 分钟（11 月至次年 3 月休息）
hangang.seoul.go.kr

表演时刻一到，原本“正常”的盘浦大桥侧身忽然喷出水来，随着空中播放的音乐翩翩起舞，成排白色的水柱，总长达 1 140 米，已被认证为“全世界最长的桥梁喷泉”。

盘浦大桥的两侧，共装了 380 个喷嘴，利用抽水机把汉江水抽引上来，再持续喷洒而出，每分钟的喷水量可达 190 吨。白天见到的是白茫茫舞动的水柱，晚上在七彩灯光的映照下，会呈现出华丽的景象，犹如彩虹一般，所以被称为月光彩虹喷泉。

宣靖陵

- 首尔市江南区三成洞宣陵路 100 街 1 号
- 地铁 2 号线宣陵站下，从 8 号出口出站，直行 5~10 分钟可达售票入口
- (02) 568-1291
- 3—10 月 6:00-20:00，11 月至次年 2 月 6:30-20:00（周一休息）
- 全票 1 000 韩元、半票 500 韩元
- seonjeong.cha.go.kr

宣陵是朝鲜第 9 代王——成宗长眠的地方，旁边还有他的继妃贞显王后的陵墓。靖陵则是成宗的儿子、第 11 代王——中宗的陵寝。

成宗 13 岁登基，在位期间以租税制度施行官收官给制，减轻百姓的负担，对外也曾击退女真族入侵，算是太平盛世中的好皇帝，可惜后继的燕山君为历史上有名的暴君。燕山君被推翻后，与其同父异母的中宗继位，也就是《大长今》里面的皇上。这片陵地已被联合国教科文组织列入《世界遗产名录》。

汝矣岛汉江公园

- 首尔市永登浦区汝矣岛洞 8 号
- 地铁 5 号线汝矣渡口站下，从 2 或 3 号出口出站可达
- (02) 3780-0561
- hangang.seoul.go.kr

长达 40 千米的汉江沿岸，共有 12 处汉江市民公园，其中就以汝矣岛汉江公园最受欢迎，就在地铁站附近。除了辽阔的空地可供市民们在此休闲、运动、江畔漫步外，还有一个水上舞台，经常举行表演活动。水上喷泉与亲水喷泉池是夏天戏水的热门地点。可以在江边的渡船头搭乘汉江游船。这里也是《城市猎人》等韩剧的取景地之一。

汉江游船

首尔市永登浦区汝矣岛洞 85-1 号 C& 汉江乐园
地铁 5 号线汝矣渡口站下，从 3 号出口出站，步行 5~10 分钟可达游船码头
(02) 3271-6900
11:00-20:40
汝矣岛往返 60 分钟游船 11 000 韩元、70 分钟游船加魔术秀或现场音乐表演 15 000 韩元、90 分钟晚餐游船 55 000 韩元（周六 60 000 韩元），13 岁以下儿童半价
www.hcruise.co.kr

东西向流经首尔的汉江，沿岸的风景日夜各有风姿，首尔著名的地标建筑 63 大楼、N 首尔塔、国会议事堂、蚕室综合体育场等，都能在游船时观赏到。

现有 6 艘游览船行驶于汉江，可以选择从汝矣岛、蚕室、兰芝和杨花等登船，游程则可以选择绕汉江一圈的循环路线，或是来回于汝矣岛和蚕室间的单程路线。这之中，汝矣岛以便利的交通方式，成为游客搭乘汉江游览船时的首选。

国会议事堂

首尔市永登浦区汝矣岛洞
地铁 9 号线国会议事堂站下，从 1 或 6 号出口出站，步行 3~5 分钟可达
(02) 788-2114
9:00-17:00，需至少提前 3 日预约（周六、周日和法定假日休息）
www.assembly.go.kr

这栋 8 层楼的石造建筑费时 6 年建成，24 根柱子代表全体国民的意见，圆形的屋顶象征将全体国民的意见整合集中，浅蓝色的屋顶相当抢眼。在没有会议的期间，可接受预约参观国会议事堂内部。

国会议事堂后侧的轮中路，两旁植满树龄长达 30 ～ 40 年的樱花树，绵延约 6 千米，是首尔市内最具代表性的赏樱胜地。

大韩生命63大楼

- 首尔市永登浦区汝矣岛洞60号
- 地铁5或9号线汝矣岛站下，从5号出口出站，步行约30米处有免费接驳巴士停靠站
- (02) 789-5663
- 10:00-22:00（入场至21:30）
- 展望台全票11 000韩元、半票10 000韩元，63水族馆全票15 000韩元、半票14 000韩元，蜡像馆全票13 000韩元、半票12 000韩元，3项套票30 000韩元、半票25 000韩元
- www.63.co.kr

这栋大楼外观采用双层反射玻璃，在太阳照耀下会反射出金黄色的光泽，且因时间的不同，色泽也会有变化，因此又有“黄金塔”的美名。大楼里拥有展望台兼美术馆、蜡像馆、韩国第一个水族馆、电影院、多家高级餐厅等，是一个综合的休闲娱乐中心。

乐天世界

- 首尔市松坡区蚕室洞40-1号
- 地铁2或8号线蚕室站下，从4号出口出站，步行2~5分钟可达
- (02) 411-3502
- 9:30-23:00，每日16:00后为夜间场
- 通票全票40 000韩元、半票31 000~35 000韩元、3岁以下幼儿10 000韩元，夜间通票全票31 000韩元、半票23 000~27 000韩元、3岁以下幼儿10 000韩元
- www.lotteworld.com

乐天世界是韩国最受欢迎的招牌游乐园之一，也是世界最大室内游乐园的世界纪录保持者。它的园区分为室内的探险世界和盖在室外湖面上的魔术岛两个部分，即使是严冬，室内园区也可以尽情游玩。

由于地点就在市中心，因此在周末假日会吸引大量人潮，成为首尔最热门的去处之一。

乐天世界民俗博物馆

首尔市松坡区蚕室洞 40-1 号 3 楼
地铁 2 或 8 号线蚕室站下，从 4 号出口出站，步行 2~5 分钟可达
(02) 411-2000
9:30-22:00
全票 5 000 韩元、半票 3 000 韩元，持乐天世界自由券者可免费入场

1989 年，在乐天世界购物中心的 3 楼开辟了一个别开生面的民俗博物馆，依照时间顺序把韩国近 5 000 年的历史和传统文化浅显易懂又系统地介绍给游客，对于了解韩国文化很有帮助。展示区大致分为史前时代、三国时代、高丽时代与朝鲜时代，活用缩小模型、复制文物等多种手法，可以看出民俗博物馆的良苦用心。

乐天世界星光大道

首尔市松坡区蚕室洞 40-1 号乐天世界南门 1 楼
地铁 2 或 8 号线蚕室站下，从 3 号出口出站，步行 5~7 分钟可达
(02) 411-0048
9:30-20:30
全票 10 000 韩元、半票 7 000 韩元，持乐天世界自由券、乐天免税店消费收据者可免费入场
www.lotteworld.com

韩流锐不可当，乐天世界在 2009 年特地开辟了一处星光大道，让游客可以和自己喜爱的明星近距离接触，或化身为明星体验韩剧里浪漫的氛围。星光大道外侧还有橱窗长廊，展出一些当红明星的照片和贴身小物，包括玄彬、张根硕、金贤重、Rain、宋承宪、偶像团体 2PM、JYP 等。

住在首尔

宜必思明洞酒店
Ibis Seoul Myeong-dong
经济连锁

🏠 首尔市中区明洞 1 街 59-5 号
☎ (02) 6361-8888
¥ 双人房 168 000 韩元起
🖱 www.ambatel.com/myeongdong

在明洞的西北侧入口，前往明洞步行只要 1 分钟，机场巴士更是就停在门外，这一站已干脆直接名为 Ibis Myeong-dong，俨然成为明洞的地标之一。

宜必思明洞酒店的客房以简洁、舒适为主，不讲究大，也不强调豪华。但是液晶电视、冰箱、吹风机、水壶、保险箱等一应俱全，还有方便的书桌和沙发，更提供免费 Wi-Fi，甚至每个房间还放置一部当地的行动电话，免租金即刻使用，结账时只需支付通话费。

世宗酒店
Sejong Hotel Seoul
★★★★

🏠 首尔市中区忠武路 2 街 61-3 号
☎ (02) 773-6000
¥ 双人房 220 000 韩元起
🖱 www.sejong.co.kr

已有 40 余年历史的世宗酒店，与南山公园直接对望。房间里现代设施齐全，接待大厅里有免费 Wi-Fi，客房内则有收费的宽带 Wi-Fi。世宗饭店的地理位置非常优越，就在明洞地铁站的出口，搭地铁前往首尔市区各地都很方便。机场巴士在饭店门前设有停靠站。

天空花园酒店 I
Hotel Skypark I
★★★★

🏠 首尔市中区忠武路 1 街 24-23 号 11 楼
☎ (02) 6900-9300
¥ 双人房 145 000 韩元起
🖱 www.skyparkhotel.com

这间 1 号店的接待大厅设置于 SPAO 的 11 楼，虽然没有很高，但是接待大厅外的阳台周围用花草布置得的确颇有“天空花园”的感觉。客房小巧温馨，基础设施一应俱全。

明洞青年旅社
Myeong-dong Hostel
青年旅舍

首尔市中区大洞 114 号
(02) 3672-1971
通铺 22 000 韩元、单人房 50 000 韩元、双人房 60 000 韩元起
www.myeongdonghostel.com

2010 年 8 月开张，位于明洞闹市区外侧西北方，步行向南就可以逛明洞，向北就可以抵达清溪川，向西就离市政厅与光化门广场不远，向南甚至可以走到南大门市场，地理位置相当优越。

首尔背包客栈
Seoul Backpacker Hostel
青年旅舍

首尔市中区南昌洞 205-125 号
(02) 3672-1972
单人房 50 000 韩元、双人房 60 000 万韩元，7—8 月、12 月至次年 1 月旺季价加 10 000 万韩元
www.seoulbackpackers.com

首尔最早出现的以“背包客栈”为名的青年旅社，距离地铁站很近，隔条大道就是热闹的南大门市场，步行前往首尔火车站也只需约 10 分钟，地点堪称方便。

首尔君悦酒店
Grand Hyatt Seoul
★★★★★

首尔市龙山区汉南洞 747-7 号
(02) 797-1234
双人房 336 000 韩元起
seoul.grand.hyatt.com

位于南山南侧的山腰处，有一条散步道可以直通南山公园的入口。Grand Hyatt Seoul 楼高 20

层，共有 601 间客房与套房，风格布置尊贵、雅致而温馨，并且偌大的玻璃窗有的直接俯瞰汉江与梨泰院，有的面对南山，景色宜人。

首尔广场酒店
The Plaza Hotel Seoul
★★★★★

首尔市中区太平路 2 街 119 号
(02) 771-2200
双人房 250 000 韩元起
www.hoteltheplaza.com

首尔广场酒店是历史悠久的酒店，地理位置绝佳，面对市政厅，前往景福宫、首尔车站、明洞、南大门等都很方便。它也是韩剧《我叫金三顺》里男主角玄振轩的妈妈所开的酒店。这是一家精品酒店，整体呈现的视觉设计美学和以前的气派观光酒店有不同的氛围。

悠之家民宿
Yoo's Family
民宿

首尔市钟路区劝农洞 126-1
(02) 3673-0323; (02)3673-3266
双人房 60 000 韩元起，另提供多种韩国传统文化体验课程
yoosfamily.com

Yoo's Family 主张传统韩屋格局，中庭、木造房舍、传统工艺品，木地板还导入暖炕装置，体验传统韩风的同时，也能有舒适的住宿体验。另提供韩国传统文化体验，茶道、书法、韩服、腌泡菜，民宿变身体验教室。因适应多元的顾客群，有会说中、英、日语等多国语言的工作人员，入住 Yoo's Family 就像多了私人向导一般。

北村宾馆
Bukchon Guest House
民宿

首尔市钟路区桂洞 72 号
(010) 6711-6717
单人房 50 000 韩元、双人房 70 000 韩元起（周五、周六加价 10 000 韩元）
www.bukchon72.com

北村 Guest House 是一家有 100 多年历史的韩屋，小巧又古色古香，只有 5 个房间围绕着中央的庭院。因为价格便宜，加上可以体验在炕上睡觉，所以房间经常被欧洲游客订满，还经常会有长期投宿的客人。

首尔韩屋
Seoul Guest House
民宿

首尔市钟路区嘉会洞 135-1 号
(02) 745-0057
单人房 50 000 韩元起、双人房 70 000 韩元起（周五、周六加价 10 000 韩元）
www.seoul110.com

相较于一般的韩屋民宿，首尔韩屋显得宽敞，后院还有棵 400 多年的老树，镇宅之宝是只叫 Sari 的大狗。首尔韩屋也是此区经营韩屋民宿的始祖，纸糊的窗框、挑高的屋梁替代低矮的天花板，石、泥和木桩架构的墙面，质朴的庭园和古典瓦片烘托的传统意象，以及不同类型的客房，让首尔韩屋受到旅客推崇。

首丽屋
Hanok Guest House-Soriwool
民宿

首尔市钟路区司谏洞 15-1 号
(02) 576-5556
单人房每晚 50 000 韩元、双人房每晚 90 000~100 000 韩元
www.soriwool.com

屋主待客亲切，就算语言不通但亲和力毫不因此减少，住宿期间，适时送上的当季水果和自制柚子茶，让人倍感温馨。屋主热爱韩国传统音乐，他的孩子也都是演奏乐器的音乐家，因此，游客还可免费体验或聆听优美的传统音乐，有兴趣者也可以预约课程。

首尔新罗酒店
The Shilla Seoul
★★★★★

首尔市中区奖忠洞 2 街 282-2 号
(02) 2233-3131
双人房每晚 330 000 韩元起
www.shilla.net

屡获国际权威旅游杂志 *Travel + Leisure* 和 *Condé Nast Traveler* 评选认可为全球最佳酒店之一的首尔新罗酒店最负盛名的，就是馆藏了许多世界级的艺术家名作，从大厅、餐厅到酒吧里，都可以欣赏到这些与历史、文化、艺术和建筑等领域极相关的文物、书籍，让你在住宿时也能置身在琳琅满目的油画、素描、陶器及雕像等大师作品中，接受艺术的熏陶。

首尔国宾酒店
Grand Ambassador Seoul

★★★★★

- 首尔市中区奖忠洞 2 街 186-54 号
- (02) 2275-1101
- 双人房 374 000 韩元起
- grand.ambatel.com

作为首尔历史最悠久的酒店之一，首尔国宾酒店最贴心的一点，就是精心订制的国宾寝具（Ambassador bed），特殊设计的床垫、被套，助客人一夜好眠。并备有“枕头菜单”，包括传统韩式硬枕、记忆枕、乳胶枕等，每位客人都可以选择想要的枕头种类，请服务人员送到房间来。

西桥酒店
Seokyo Hotel

★★★★★

- 首尔市麻浦区西桥洞 354-5 号
- (02) 330-7777
- 双人房 220 000 韩元起
- www.hotelseokyo.co.kr

西桥酒店是一家已有 30 年历史的酒店，共有 135 间客房，在经常的维修更新下，仍保持其气派与舒适。它的地理位置交通非常方便，距离地铁站步行只要两三分钟，不但逛弘大闹市区便利，前往明洞、首尔车站、汝夷岛等也都很方便。酒店内商务设施、桑拿、健身房等齐备，能满足观光及商务客人不同的需求。

W 首尔华克山庄
W Walkerhill Seoul

★★★★★

- 首尔市广津区广壮洞华克山庄路 177 号
- (02) 465-2222
- 双人房每晚 305 000 韩元起
- www.whotels.com/seoul

该店不但是全首尔最早的精品型酒店，也是全亚洲第一家 W Hotel，而且至今仍是首尔最受推崇的超五星级精品酒店。该店的外观尚称低调，但是一步入接待大厅，立刻使人眼睛一亮，整体设计高雅又深富幽默感与创意，难怪获得无数的建筑与室内设计奖，的确实至名归。

首尔皇宫酒店
Seoul Palace

★★★★★

- 首尔市江南区论岘洞 248-7 号
- (02) 3440-8000
- 双人房 300 000 韩元起
- www.imperialpalace.co.kr

华丽的高大建筑，宫殿似的外观非常抢眼，共有 413 间客房，商务人士所需的先进通迅设备一应俱全，健身中心、桑拿、水疗 SPA 等齐全，还有多家不同风格的餐厅。

乐天世界酒店
Lotte Hotel World

★★★★★

- 首尔市松坡区蚕室洞 40-1 号
- (02) 419-7000
- 双人房 310 000 韩元起
- www.lottehotelworld.com

大量运用挑高空间与玻璃采光，增加恢宏的气势，装潢融合现代化与大韩民族的文化色彩。共有 469 间客房与套房，特别设置了卡通客房，整体色彩鲜艳活泼，并且以乐天世界的卡通代表人物 Lotty 和 Lorry 来布置室内，充满童趣，让人看着心情愉悦。部分客房外的风景就是乐天世界主题乐园，让孩子能完全沉浸在欢乐的气氛中。

GOMSOTZIB 烤肉店

首尔市中区乙支路 2 街 199-13 号

(02) 756-4010

1987 年开店至今，坚持只供应顶级韩牛，烤时再搭配店家特制的酱料，吃起来口感绵密弹嫩，令人赞不绝口。这家店除了韩牛，其牛内脏汤、牛排骨汤和石锅拌饭也不错。餐厅干净整洁，每个桌上还使用排油烟管去除烟味，一进门则可以从玻璃窗清楚看到它们的开放式厨房，让人吃得到美味，也看得到卫生。餐厅内有会说中文的服务人员。

河东馆

首尔市中区明洞 1 街 10-4 号

(02) 776-5656

www.hadongkwan.com

这家以牛肉汤闻名的河东馆，是家已经开业 70 多年的老字号餐厅了，它坚持只选上等的韩牛，提供牛肉汤和熟肉两种选择。店家用牛胸肉、牛腱肉、内脏、排骨、牛尾、牛腿肉等，与萝卜一起长时间熬煮汤头，肉熟后捞出，等有人点餐时与白饭一起放入熬煮好的牛肉汤中端出。牛肉汤汤色十分清爽，但充满着牛肉香气，吃时要自己加一点葱花、盐或胡椒粉，并搭配萝卜、盐和虾酱腌制而成的特制萝卜泡菜。特级牛肉汤比一般牛肉汤多加了牛肚，顾客也可以再点一盘熟肉，里头有牛胸肉及牛肚。

明洞炸猪排

首尔中区明洞 1 街 59-3 号

(02) 775-5300

这家店从 1983 年开业至今，美味始终如一。特色是以特制酱料腌制入味的猪排，裹上蛋和面包粉后，再以高温油炸 5~8 分钟而成，现炸的排骨放在小铁架上，外表金黄酥脆，内部却是柔嫩顺口，令人赞不绝口。吃时搭配切细的生菜、腌黄瓜和特调的沙拉酱，更是绝配。这里的味噌汤味道也很鲜美。

百济参鸡汤

首尔市中区明洞 2 街 50-11 号
(02) 776-3267

百济参鸡汤，顾名思义主打菜色就是美味又补身的人参鸡汤。在幼鸡中塞入满满的糯米、红枣、人参一起炖煮，鸡汤的味道香浓美味，还掺杂着清爽的人参香气，吃一口便令人难忘。另外，店家还推出营养更加分的乌骨鸡汤。

滚烫的鸡汤上桌时，店家还会附赠一杯原汁原味的人参酒，和鸡汤一起享用滋味更是好得不得了，马上就有滋补元气的感觉。

明洞饺子

首尔市中区明洞 2 街 25-2 号
(02) 776-5348
www.mdkj.co.kr

店里永远都是高朋满座，顾客们多半是冲着超人气的手工明洞水饺、蒸饺而来。这里的饺子包得像三角形的大馄饨，和一般的饺子外观上大不相同。肉馅包的是熟悉的饺子馅，打得细碎的肉馅口味细嫩多汁，滋味极佳。刀切面汤头浓郁，且会配上 4 颗饺子，一举两得。明洞饺子在明洞有两家店，且相距不远。

神仙雪浓汤

首尔市中区明洞 2 街 2-2 号
(02) 777-4531

雪浓汤其实就是牛肉汤，其汤是以牛骨、牛肉和内脏熬制而成，由于熬煮的食材够丰富、时间也够久，煮好的高汤就呈现浓稠的雪白色，雪浓汤之名也就不胫而走。而这家店又以一个神仙图案为Logo，所以一般人就称其神仙雪浓汤。

神仙雪浓汤从 1981 年开店至今，已设有多家分店，由于它又在韩剧《灿烂的遗产》中出现，更让许多粉丝慕名而来。而明洞这家店还提供 24 小时的营业服务，为想吃夜宵的人提供一个好去处，店内提供中文菜单。

味加本

首尔市中区明洞 2 街 2-2 号 2 楼
(02) 752-0330
www.mdkj.co.kr

吃腻了辣死人不偿命的韩国小吃和油腻烤肉，不妨换换口味来碗韩国粥吧。韩国粥品秉持食疗的概念，使用养生健康的人参、蔬菜等食材熬煮成软糯浓郁的稠粥。这家位于知名的神仙雪浓汤楼上的粥店提供数十种粥，有鲜味十足的牡蛎香菇粥、鲜虾粥，也有韩国特有的养生松子粥以及作为甜品享用的南瓜粥。

凤雏炒鸡肉

首尔市中区明洞 2 街 33-9 号
(02) 318-6981
www.bongchu.co.kr

凤雏炒鸡肉卖的是安东地区风味的辣炒鸡肉，鲜嫩鸡肉用安东特制的香辣酱料，加入马铃薯、胡萝卜、韩国冬粉等煮得香弹入味，越吃越来劲的深厚辣味甜而不麻，相当受到韩国年轻女生的喜爱。

忠武卷菜

首尔市中区明洞 2 街 3-12 号
(02) 755-8488
www.chungmugimbab.com

忠武卷菜是一家一日能卖出 300 份的人气餐厅，紫菜包饭都是工作人员在店内现卷现卖，饭、肉、蔬菜全包在一起，还有一股淡淡的麻油香。紫菜饭团配上辣萝卜等两种小菜售价 6 000 韩元。

明洞咸兴冷面

首尔市中区明洞 2 街 26-1 号
(02) 776-8430

虽打着冷面招牌，明洞咸兴冷面其实也是一家烤肉店。这家老店是沿袭老板娘的母亲从朝鲜带来的料理方式，在明洞已有 20 多年的历史，现今仍按传统方式和面，再以机器制成面条，相当具有嚼感。

三金

首尔市中区忠武路 2 街 12-16 号

(02) 771-5025

www.samkim.co.kr

以泡菜料理打响知名度的三金，最引以为傲的是独家研发出的泡菜腌制法，运用古人的智慧把泡菜放入瓮中，再埋入地底，让大自然和时间使泡菜获致最佳滋味。三金不但泡菜锅、煎饼等受欢迎，好吃的五花肉也颇受推崇，烤五花肉配上费心腌制的美味泡菜，堪称绝配。

古宫

首尔市中区忠武路 2 街 12-14 号

(02) 776-3211

www.gogung.co.kr

1996 年成立的古宫，最早在全罗北道的全州开设本店，以供应全州传统拌饭为主，曾获得“全州市传统饮食竞赛最优秀奖”“韩国观光公社选定全国 10 大亲切营业点”，连续 3 次被选为韩国 YMCA“热爱环境的餐厅”等，傲称全韩国最优秀的全州传统拌饭专卖店。1999 年 7 月明洞店正式开业，让游客即使无法亲自前往全州也有机会品尝到地道的全州传统风味。

全州中央会馆

首尔市中区忠武路 1 街 24-11 号

(02) 776-3525

烧得火热的石锅中铺满了黄豆芽、腌大头菜、麻油拌菠菜、烤肉等十几种配菜，上头还打了一颗生鸡蛋，看起来赏心悦目。店家在拌饭之外也有粥品、烤肉等料理，另外还推出了加入一整只鲍鱼的拌饭豪华版。这家店以游客最多，当地人反而比较少见。

韩顺子手工刀切面

首尔市中区南昌洞南大门市场 4 街 39-1 号

(02) 777-9188

走进南大门市场，就会看到有家面店摊位上铁碗堆得老高，即使你无法以语言沟通，老板也会善解人意地端一碗汤面、一碗冷面。仔细一拌，才发现两碗面底下都有辣椒酱，尤其是冷面酸酸辣辣的，非常过瘾。招牌上标识着 50 年老店和曾经来采访过的各大媒体。

铁锅谷包子店

首尔市中区南昌洞南大门市场 4 街 40 号

(02) 755-2569

每次到南大门，都会看到 6 号门入口附近一家包子店前大排长龙，蒸好的包子热气腾腾地端上来，立刻被打包买走，生意好得令人忍不住也跟着排起队来。这家现蒸现卖的手工包子，从 1959 年就开始营业，皮薄馅大，分辣和不辣两种口味，相当好吃。

Yoogane

首尔市中区忠武路 2 街 66-6 号

(02) 775-3392

www.yoogane.co.kr

Yoogane 的招牌菜为铁板炒饭和辣炒鸡肉。釜山风味的无骨鸡肉和蔬菜、年糕等配料放在大铁盘上直接拌炒，甜甜辣辣的很是过瘾。铁板炒饭是店里的另一道王牌菜色，有海鲜、牛肉等各种口味。决定好菜色之后，服务生会把熟饭、配菜和辣酱拿到桌前当场拌炒，最后做成爱心的形状。被辣酱染成鲜红色的白饭粒粒分明、香气十足。如果再加入芝士趁热享用，浓郁的风味和拔丝口感更加叫人难忘。

土俗村参鸡汤

首尔市钟路区体府洞 85-1 号

(02) 737-7444

在首尔很多地方都可吃到参鸡汤，要吃最地道的不妨试试“土俗村”。店内的参鸡汤是用雏鸡炖成，在雏鸡的内部放入糯米、大蒜、土产梨子、银杏、芝麻、核桃、果子种子等多达 30 种的药材及食材，最重要的当然是店家特别挑选的人参。吃时用筷子将鸡肉划开，鸡肉可蘸着胡椒盐吃，也可以依自己的口味放入参鸡汤内，或是搭配泡菜来吃。

元祖老奶奶章鱼中心

首尔市中区北仓洞 60 号
(02) 734-1226
www.nakjicenter.com

位于首尔广场饭店后侧巷子里的元祖老奶奶章鱼中心，是从1965 年就开始营业的老字号，也是辣炒章鱼这道菜最早闻名的餐厅，经常被媒体报道。在韩剧《我叫金三顺》里，第二女主角柳熙珍带着远从加拿大赶来找她的混血医师见识韩国特有的辣炒章鱼，就是在这里，令人印象深刻。墙壁上至今贴着当时的剧照。

晋州会馆

首尔市中区西小门洞 120-35 号
(02) 753-5388

晋州是韩国庆尚南道的地名，从 1962 年开始营业的晋州会馆，采用江原道地区生产的土种黄豆，将黄豆泡水、煮熟、去皮后，放入果汁机内打成汁，再放进冰箱冷藏，食用的时候加入面条之中。面条则是以面粉、马铃薯粉、荞麦粉、花生和松子等揉制而成，很是筋道，豆汁香浓，吃起来非常爽口，和一般冷面有不同的风味。

屋檐下天空风景

首尔市钟路区宽勋洞 84-11 号
(02) 734-3337
ehanul.kr

这家名字颇有些诗情画意的餐厅，坐落于仁寺洞巷子深处一幢古色古香的韩屋里，简单营造的庭院果然颇名副其实，经过多年经营，是当地很有名气的韩式套餐专卖店。地板式的座位、格子纹路的拉门作为隔间，外观看不出大小，但内部包含众多包厢，是适合招待贵宾的好地方。套餐名称以高官、贵族、大臣、御膳等来命名，气势不小。

Dudaemunjip

首尔市钟路区宽勋洞 64 号
(02) 737-0538

近年来韩式居酒屋相当走红，仁寺洞的巷弄间也出现了好几家店。Dudaemunjip 装潢为现代韩式风格，外观看起来像是一间韩屋，走进店内，却发现无论是垂挂的吊灯、摆设以及照明都非常时尚。店里供应定食和各种下酒菜，小菜给得很大方，所以可以看到每一桌都摆着满满的菜肴。除了韩式豆腐锅、海鲜煎饼等传统美食，主厨也发挥巧思创造出许多新式的 Free style 韩国料理，深受年轻人喜爱。

宫

首尔市钟路区宽勋洞 30-11 号
(02) 733-9240
www.koong.co.kr

开城在韩国向来以美味的水饺闻名，宫是一家传承了三代的老店，现年 95 岁的老奶奶跟着婆婆学包水饺，开设了这家饺子店，所包的饺子内馅蔬菜特别丰富，吃后齿颊留香，配上牛骨熬制的浓醇汤头，风味绝佳。继承了 75 年的传统，媳妇再传给媳妇，宫的开城水饺很有奶奶的味道。此外，店里的年糕汤饺、生菜包黑猪肉等也颇受推崇。

月鸟恋月

首尔市钟路区宽勋洞 60 号
(02) 720-6229

引用韩国诗人的诗作为店名，这家韩茶店就像它的名字一样雅致。店内为传统乡村风格，天花板上垂吊着干燥水果做装饰，还有文鸟与金丝雀传来宛转的鸣叫声。座位巧妙地利用腌水果的大瓮、竹篱等做区隔，隐私性极高，每一桌都能享有属于自己的空间。月鸟恋月的茶饮为自家酿制，柚子茶、梅茶等饮料香气浓郁，味道相当浓厚，客人要是喜欢，也可以购买罐装茶酱回家自己泡。

山村

首尔市钟路区宽勋洞 14 号
(02) 735-0312
www.sanchon.com

店主人金演植先生将 18 年僧侣生涯中所习得的韩国传统素食料理重新改良，赋予韩国斋菜另一种风味。店内料理主打食材新鲜，不使用任何化学调味料，只使用味噌、胡麻油调味，让顾客完全享受食物的原味。

Doore

首尔市钟路区仁寺洞 8-7 号
(02) 732-2919
www.edoore.co.kr

Doore 是一家拥有 50 年历史的传统韩式餐厅，最早开在密阳，1988 年才迁移至仁寺洞，不但是幢超过百年历史的韩屋，更曾经是朝鲜高官居住过的地方。Doore 擅长以最新鲜、当季的食材烹调出精致的佳肴，无论主食、小菜、汤品或甜点都备受推崇，被推选为“值得骄傲的韩国料理餐厅”之一。

美丽茶博物馆

首尔市钟路区仁寺洞 193-1 号
(02) 735-6678
www.tmuseum.co.kr

展出各种与茶相关的陶器以及茶杯、茶壶，美丽茶博物馆不但是一家茶屋，更是一个茶具艺廊。店里茶的种类相当惊人，有 110 种之多，从馆长自世界各地采购的绿茶和红茶，一直到韩国乡土茶、加味茶都有，品茗之余欣赏茶器之美，体验视觉与味觉的双重享受。

Bizeun 年糕

首尔市钟路区仁寺洞 37 号
(02) 738-1245
www.bizeun.co.kr

Bizeun 是韩国首尔很有名的年糕专卖店，与其说是年糕店，不如说是米制品的小型博物馆更贴切些，店里陈列的每一种食品都做得色泽诱人、造型可爱，让人很想咬一口却又舍不得就这样吃掉它。

里门牛肉汤

首尔市钟路区坚志洞 88 号
(02) 733-6526

里门牛肉汤是家已经有 100 多年历史的老字号，招牌牛肉汤以牛肉和牛骨熬煮 24 小时制成，牛奶色的牛肉汤没有经过任何调味，端上桌后才由顾客酌量添加盐、葱花，汤头相当爽口温醇，喝完会有回甘的感觉。韩国人习惯把白饭投入牛肉汤做成汤泡饭，而这里的牛肉汤已经把白饭加进去了，顺口的泡饭和着汤头咕噜吞下肚，既暖身又有饱足感。

广藏市场

首尔市钟路区礼智洞 6-1 号
(02) 2267-0291
www.kwangjangmarket.co.kr

广藏市场售卖传统点心、蔬果与布料、寝具、韩服。不过最引人注目的是商场中央聚集了上百家小商贩，热闹程度可比拟北京的簋街，而且范围很大，进来犹如进入迷宫，不小心就会迷了路。

猪脚、猪血肠、绿豆煎饼、生鱼片等韩国招牌小吃都可以在这里找到，也可以买到一些朝鲜货，许多韩国上班族下了班就会在摊子里喝两杯，东西也不贵，就是小吃摊的价格。

真元祖参鸡汤

首尔市钟路区钟路 5 街 265-18 号
(02) 2272-2722
www.wonjodak.com

这道韩式鸡汤看似简单，但滋味和我们所认知的清鸡汤大不相同，采用出生后 35 天的土鸡，稍为蒸煮过后，马上丢入原味鸡汤里，和大量的葱、蒜煮到沸腾。鸡汤内除了薄盐不添加任何化学调味料，再借由葱、蒜的提味让味觉变得层次分明。幼鸡的鲜度十足，肉质极其细嫩却带有弹牙嚼劲，蘸上醋与酱油调成的酱汁还有辣酱一同食用，滋味更足。

咖啡工厂

首尔市钟路区昭格洞 142-2 号
(02) 722-6169

以板木和红砖搭建而成的 Coffee Factory，弥漫着质朴风情，1 楼店面小小的但不时飘溢的咖啡香，总能吸引人驻足。Coffee Factory 在三清洞是家小有名气的咖啡馆，因为它强调采用自家烘焙的咖啡豆，喝起来与众不同；咖啡店的师傅话不多，但专心烘焙新鲜咖啡豆的神情，让人觉得手中的这杯咖啡格外香醇，而且外带一杯咖啡只要 3 000 韩元，物超所值得让人惊喜。

吃休付走

首尔市钟路区安国洞 17-18 号
(02) 723-8089

这家店名非常有趣，就是“吃饭、休息、付钱、走人”，也就是要你吃饱喝足把钱付掉就可以走人了。店家上菜速度很快，在外面排队时就可以先填写菜单，菜单上附有中文，首先有 5 种锅底可供选择，超过一种以上也会混合在同一个锅内；之后可以再依人数、食量和喜好看是否要加泡面、面条、丝粉或鱼饼、水饺、煎饺和火腿等配料，等进入餐厅后，放入锅底和配料的年糕锅就马上上桌，再煮一下待汤沸腾就可以吃了。

想吃拉面的日子

首尔市钟路区花洞 138-21 号
(02) 733-3330

这家店只卖拉面，从一般拉面到加了豆芽的拉面都有，其中吉士拉面、辣味和加了饺子年糕的拉面是这里的招牌。拉面先由老板娘在热炉上煮好，加了葱和大白菜后，热滚滚的就可以端上桌了，吃时再搭配店家特制的黄萝卜和泡菜等小菜，更是加分。吃不饱的人还可以加白饭。

Beans Bins

首尔市钟路区三清洞 62-26 号
(02) 736-7799
www.beansbins.com

位于 2 楼的店内空间简洁舒适，有大片阳光透进玻璃。咖啡豆从各国进口再经由自家烘焙，风味特别醇厚。松饼是店内的另一大招牌，精心烤制的松饼铺上满满的草莓，或者是加上清香的绿茶冰淇淋，无论分量或松软的口味都让人满意极了。

雪木轩

首尔市钟路区三清洞 20-8 号 2-3 楼
(02) 739-6742

雪木轩是三清洞一家老字号的餐厅，目前本区设立了两家分店。这里最出名的当属年糕牛肉排，它是将调味后的牛绞肉先打成肉排煎熟，再与年糕条一起放入铁盘，端给客人享用，端上桌时还热腾腾地吱吱作响，香味更是扑鼻。这种肉排的味道又香又辣又甜，十分开胃，至于年糕则是带着弹劲。除了肉排外，泡菜拉面、绿豆煎饼和韩式饺子也是招牌菜。

首尔第二

首尔市钟路区三清洞 28-21 号
(02) 734-5302

虽然号称“第二”，但是在许多首尔人的心目中，它的红豆粥堪称首尔第一。1976 年开店之初，本来主要卖韩方药茶，后来又增加了以独家配方煮出的红豆粥，没想到后者反而更受欢迎。红豆粥煮得火候十足，已经有点像红豆糊，除了看得到的白果、栗子外，还有一股淡淡的中药味，而且咸中带甜，滋味非常特别。

春川辣炒鸡排

首尔市西大门区沧川洞 57-8 号
(02) 325-2361

这家以卖春川辣炒鸡排为主的餐厅，在新村一带相当有名。它主要是将去骨的鸡排肉切块，再以酱料腌制入味，待客人点餐后，再和年糕、香肠、地瓜、白菜等配料一起端上桌，同时淋上店家特制的辣椒酱，就可以在平底铁板锅上开始拌炒了，如果抓不准拌炒的时间，工作人员还会亲自为客人服务。

Café 1010

首尔市麻浦区西桥洞 358-8 号
(02) 324-1616

Café 1010 是首尔相当知名的文具店 10×10 所开设的，大量运用 10×10 的文具与玩具，把里里外外布置得童趣十足。店主应该也是一位热爱旅游的人，店里的墙壁上贴满了世界各地的风景照、明信片，店门口有“机长”“欧洲甲胄战士”迎宾，厕所门设计得宛如机场的登机门，连收据都设计得酷似登机证。

Hello Kitty 咖啡厅

首尔市麻浦区西桥洞 358-112 号
(02) 334-6570
www.hellokittycafe.co.kr

在停车场街的一条小巷口，矗立着一幢粉红色的斜形建筑，墙面上还可看到 Hello Kitty 的头型轮廓与招牌的蝴蝶结，果然散发 Hello Kitty 风靡全球的一贯魅力。店里的装潢仍是一水儿的浪漫粉红，诸多咖啡、可可、茶等饮品，缀饰着 Hello Kitty 的招牌图案，就连比利时煎饼等甜点，也呈现 Hello Kitty 的造型，真是迷死众女生。

圣托里尼

首尔市龙山区梨泰院洞 119-10 号 2 楼
(02) 790-3474

这家店已有 8 年的历史，后来在附近又开了一家分店，能在异国餐厅多如牛毛的梨泰院里开分店可见受消费者欢迎的程度。店内招牌的料理包括希腊烤肉饼、希腊烤肉串、加了茄子的牛肉千层派等，口味地道。

Zelen

首尔市龙山区梨泰院洞 116-14 号 2 楼
(02) 749-0600

Zelen 的老板是保加利亚人，带来这个黑海岸国家的饮食文化，已超过 5 个年头。由于受到罗马尼亚、土耳其等邻居的影响，保加利亚的饮食颇多肉食、喜欢添加乳酸菌，也比较偏咸，辛香料的调味也和其他西方国家有些不一样。

迪拜

首尔市龙山区梨泰院 1 洞 127-2 号 2 楼
(02) 798-9277

游走在梨泰院，会发现标榜中东风味的餐厅还真不少。名为杜拜，必是引进中东地区阿拉伯皇家风味的桌上佳肴。来这里不但可以品尝到正统阿拉伯式的烤羊肉、烤鸡肉、法拉费口袋饼等，还可以尝试一下罕见的阿拉伯水烟。

Sortino's

首尔市龙山区汉南洞 736-11 号 2 楼
(02) 797-0488
www.sortinos-seoul.co.kr

Sortino's 是一家颇具知名度的意大利餐厅，主厨的家族经营饮食业已有超过百年的历史，他本人又曾经担任过乐天饭店意式餐厅的大厨，积累了丰厚的经验与技巧，擅长以新鲜、当季的食材加上祖上传承下来的配方，烹调出可以与朋友共享的美食。

人猿厨房

首尔市江南区新沙洞 650 号
(02) 3442-1688
www.gorillakitchen.co.kr

水泥墙面上低调地写着餐厅名称，不少路过的游客都为简洁的外观所吸引。实际上，有人来到这里还有另外一个理由：这是裴勇俊开的餐厅。

20 位精于韩式、日式及西式料理的专家花费大量时间在菜色研发上，为的是让这里使用的健康和天然的食材能在不失美味的状况下呈现。人猿厨房也强调，他们不使用任何奶油、黄油，在烹饪时也不会过度油炸。打开人猿厨房的菜单，每个菜都清楚标识食材、营养成分及卡路里，顾客可以选择适合自己的食物。

朴大人烧肉店

首尔市江南区清潭洞 124-4 号 2 楼
(02) 545-7708
www.pdgn.co.kr

这家烧烤店因为裴勇俊而大为出名，经常挤满了慕名而来的日本游客，因为他最爱吃这里的烧肉。这家烧烤店的牛肉质量也是有口皆碑，使用的是全韩国最好的全罗道咸平牛肉，生意好到一个中午可以卖掉 4 头牛的牛肉。

元祖薄切烤肉

首尔市江南区论岘洞 165-31 号

(02) 548-7589

薄如蝉翼的猪五花蘸上特制酱汁，在铁盘上烤得香脆，搭配 34 种有机蔬菜和 14 种小菜，美味度与健康度极高。要有等位 1 小时才能用餐的心理准备。此外，店内的服务生全部来自中国。

海泥中的珍珠

首尔市江南区论岘洞 182-101 号

(02) 544-8892

www.jogae92.com

这家店提供数十种新鲜贝类，从叫得出名字的牡蛎、文蛤、扇贝、蝾螺、鲍鱼到叫不出名字的都有。门口的大水槽放着满满的活贝，客人点菜后才用大网子捞起来处理。把超新鲜的贝类加点葱花、奶油，或者撒上芝士，连壳带贝放到火炉上炭烤，配上韩国烧酒是再适合不过的了。

鹭梁津海产市场

首尔市铜雀区鹭梁津洞鹭德路 688 号

(02) 815-2000

www.susansijang.co.kr

韩国最大的海产批发市场，面积达 6 962 平方米，售卖各种生猛海鲜的摊子一个挨着一个，盛况相当惊人。购买海产之后，可以到市场旁的餐厅交给店家料理，只要酌收酱料费和工本费，就可以立刻尝鲜，非常划算。

购在首尔

乐天百货公司（总店）

首尔市中区小公洞 1 号
(02) 771-2500
www.lotteshopping.com

13 层的楼高涵盖各式专柜，不论是平价国民品牌或是国际精品、名牌，在这里都看得到；因此，虽然明洞街上逛起来已经很过瘾了，但不少人还是会到乐天走一圈，购买心目中具有质量保证的商品。在这里购物买到一定数额，记得可以在 1 楼办理退税。

乐天百货的 9~11 楼属于乐天百货的免税店。所谓免税店，就是这里的商品不外加税，也就是跟机场价格一样，但因为机场一般是美元计价，这里是以韩元结账，所以还是会有汇率上的差价。9 楼是美妆区，10、11 楼卖的是国际名牌、精品服饰、皮具等。

乐天百货 Avenuel

首尔市中区南大门路 2 街 130 号
(02) 771-2500
www.avenuel.co.kr

与乐天百货公司互通的 Avenuel 是乐天的名品馆，专卖全球奢华精致的名牌、精品，1 楼华丽闪耀的 LV 和 Chanel 专柜，便宣示这家百货不凡的身价以及其地位。馆内集结了 Loewe、Hermès、Burberry、Rolex 等名牌，共有高达 96 家海内外精品厂牌，也有高档餐厅进驻。

乐天百货青春广场

首尔市中区南大门路 2 街 123 号
(02) 771-2500
www.lotteshopping.com

这里卖的都是国内外最流行的青少年服饰、彩妆，广场内还设有指甲彩绘店，各个最流行的品牌在这里都可以一网打尽。日本流行品牌无印良品位于 1 楼非常显眼的位置，同一楼层还有西班牙品牌 Mango；3~5 楼有很多深受年轻人喜爱的韩国国民潮牌，如 Buckaroo、FRJ、OPT 和 HUM。

NOON SQUARE

首尔中区明洞 2 街 83-5 号
(02) 3783-5005
www.noonsquare.com

NOON SQUARE 虽有 6 层楼，内部空间却不大，围绕中庭的长矩形空间设计，让逛街路线变得流畅。这里的专柜不多，但几个很受欢迎的国际品牌，如 H&M、Mango、The Body Shop、Steve Madden、Charles & Keith、Diesel 等在这里都看得到，加上还有一家永丰文库，以及凤雏、新木曾等餐厅，可说是一家小而齐全的百货公司。

TNGT & TNGTW

首尔市中区明洞 1 街 60 号
(02) 318-8701
www.tngt.co.kr

韩国科技大厂 LG 也跨足服饰业了。在首尔有 20 多家店面的 TNGT & TNGTW 就是 LG 所投资经营的，其中 TNGT 代表的是男装，后面加了字母 W 的 TNGTW 则是女装。其服饰大部分是韩国制造，款式很时尚，价格合理，韩剧里有时可看到明星穿着这家的服饰。

Supermarket

首尔市中区明洞 2 街 54-4 号
(02) 774-7352

这家叫作 Supermarket 的服饰店，是 1996 年创立的韩国品牌，它在首尔已经成为流行的代名词。每家店面的颜色都是纯色，鲜黄、艳红、白色、澄蓝等橱窗设计既简洁又时尚。

店长说取名为“超级市场”，就是要营造超市“什么都有”的印象。走进店里，架上的商品果然让人目不暇接，从手链、戒指、帽子、披肩等配饰，到搭配成套的服饰，应有尽有，衣着风格主要走欧洲和日本风。

Clue

首尔市中区明洞 2 街 51-18 号
(02) 777-7870
www.clue.co.kr

以扑克牌的 4 个花色作为店名 Logo，桃红和黑色系的鲜明对比，在街头十分惹人注目。走进店里，闪亮的饰品大部分是从欧洲进口，少部分是韩制，有原石、水钻等多种材质，散发着华丽欧式风。其中，以 Michale 命名的首饰是艺人的最爱。强调可以自行发挥创意、搭配不同小配饰的“幸运手链”，是时下最流行的商品，像是花朵、鞋子、小熊、埃菲尔铁塔等都可以戴在手上。

M Plaza

首尔市中区明洞 2 街 31-1 号
www.forever21.co.kr;
www.kosney.co.kr

2008 年秋天在明洞隆重开幕的 M Plaza，是一栋结合了海内外服饰、杂货和餐饮的购物商场，6 层高的大楼凭借 ZARA、Forever21、Kosney、大创(daiso)这几个知名品牌的进驻，成为明洞流行的焦点。1~3 楼属于源自于洛杉矶的 Forever21，地下 1 楼的 Kosney 是很受欢迎的生活家居用品店，包括具有悠闲风、设计感或是实用性的衣服、家居用品、配饰品和杂货。

SSFW

首尔市中区明洞 2 街 55-2 号
(02) 3789-8891
www.ssfw.co.kr

自 2008 年在明洞开了第一家店之后，韩国品牌 SSFW 就成为年轻女孩最喜欢的服饰店之一。

以白色为主色的店面看起来清新自然，然而一件件颜色鲜明、款式多样的服饰又让整家店显得青春、亮丽，难怪只要是年轻女生经过这里，很少有不进去逛上一会儿的。价格也不贵，经济能力一般的学生也能负担。

Basic House

首尔市中区明洞 2 街 28 号
(02) 772-9105
www.basichouse.co.kr

强调实穿、轻松风格的 Basic House，是韩国知名的连锁休闲品牌，位于明洞的这家店拥有两层楼高的店面，店里除了休闲服饰，还销售鞋子、袜子、帽子等，男装走的是运动休闲风，女装除了同样是轻装搭配，还多了些甜美感。名为 Basic House，是表示店内的所有衣服是好搭配的基本款，十分适合年轻人。

Art Box

首尔市中区明洞 2 街 31-4 号
(02) 777-3202
www.artbox.co.kr

Art Box 销售的是各式印有流行图案、可爱造型的生活杂货、文具、包包、手机套、糖果等具有实用性的商品，重点是都极富设计感，件件令人爱不释手。

新世界百货（总店）

首尔市中区忠武路 1 街 52-50 号
(02) 1588-1234
english.shinsegae.com

在首尔仿佛到处看得到新世界百货公司，但是介于南大门市场、南山与明洞之间的这家新世界百货可是独一无二的总店。它的前身曾经是 1930 年开业的日本三越百货分店，拥有悠久的历史与传统，如今已改头换面，成为流行的先锋，2005 年加盖了新的名品馆，国际名牌云集。另设有室外花园和艺廊餐厅，把时尚与文化完美结合。

Åland

首尔市中区明洞2街53-6号
(02) 318-7640
www.a-land.co.kr

在明洞的这家Åland是总店，店面共有4层楼，地下1楼为休闲服装、配饰，1、2楼分别售卖男女服饰及各式各样的生活杂货，3楼则是复古风格的衣饰。Åland所有的服装都是经过精选搭配，直接向各国的设计师接洽采购而来，女装风格休闲自然，轻柔的棉质上衣还有甜美碎花裙洋溢着舒适乐活的气息；男装则是简单利落。

SPAO

首尔市中区忠武路1街24-23号
(02) 319-3850
www.spao.com

SPAO是韩国一家颇有企图心的服饰公司，知名的经纪公司SM也是主要投资者之一，所以SM公司旗下的艺人们，尤其是红了好几年的Super Junior、少女时代等团员，都成了现成的模特。SPAO的产品主要走休闲风，包括衣服、裤子、鞋帽、背包等，年轻又有型。位于4楼的Everysing是SM经纪公司为粉丝们开设的天地。

南大门市场

首尔市中区南昌洞49号
www.namdaemunmarket.co.kr

南大门市场是以东西绵延500米、南北横跨200米的狭小区域内所集结成的市集，千万别小看这个区域，因为它可是聚集了10 000多家商店和摊贩，从服装、新鲜果蔬到各式的南北杂货一应俱全。

这里最宽阔的南大门路，面向游客的韩国土产店、食品店一字排开，韩国的代表土产红参、人参酒还有灵芝等都可在此买到，价格也比免税店便宜。大街以西是韩国妇女采购新鲜食材的蔬菜市场，可以见识到许多韩国特有的食材，而手工腌制的各式泡菜与韩国小菜，也是物美价廉的伴手礼。店家还会很贴心地用胶膜层层包裹，方便外国游客带回家。

乐天超市（首尔店）

首尔市中区蓬莱洞2街122号
(02) 390-2500
www.lottemart.com

超市成了现在很多人来首尔必逛的地方了，因为有很多当地的特色零食、商品，在超市买不但选择多，而且价格便宜。

说到超市首推乐天超市，它的分店很多，每个乐天百货几乎都有超市可逛，尤其是位于首尔火车站的乐天超市，搭地铁出站就到了，2~4楼内商品种类丰富，从化妆品、零食、泡面、生鲜果蔬到熟食区应有尽有。在乐天超市买到30 000韩元即可办理退税，如果买到搬不动，还可以当场打包寄回家。

仁寺洞

首尔市钟路区仁寺洞
www.insadong.info

常说的仁寺洞，主要是指北起安国站，向东南延伸到钟路一条略呈斜线的街。这条街由于当年住在附近的豪门贵族，没落后不得不把家中的古董、字画拿出来变卖，所以形成了现在的仁寺洞商圈。

仁寺洞是全首尔最具艺术气息的地方，街道两旁尽是陶、瓷器艺廊、传统茶室、色彩缤纷的韩纸和扇子、改良式韩服、韩国纪念品、美味手工点心和柚子茶等，难怪这里不论平日假日，总是挤满了慕名而来的游客。年轻的艺术家们如雨后春笋般地占领了仁寺洞各个角落，也让传统的仁寺洞呈现出多元之美。

Ssamziegil

首尔市钟路区宽勋洞38号
(02) 736-0088
www.ssamzigil.co.kr

这里容纳了70多家不同类型的店，从手工艺品、纪念品、艺廊、茶馆、餐厅到个人摄影工作室。不用爬楼梯，随着回旋状的楼层建筑缓步上升，就可以直接从2楼漫步到楼顶，让人多了探索仁寺洞景观的乐趣。

韩国观光名品店

首尔市钟路区仁寺洞 157 号；首尔市钟路区仁寺洞 15 号
(02) 735-6529；(02) 734-2234
www.souvenirshop.co.kr

仁寺洞里众多综合性的商场之一，此区有两家分店，筛选出一些最具韩国特色的纪念品售卖，以吸引游客的注意力。得以进驻的商品都来自曾经参加过公开展览并获奖的商家，所以这些商品质量都比较好，如传统韩服、创意韩服、韩纸制造的桌灯、陶瓷器皿等，都非常具有吸引力，和一般商店售卖的纪念品有些区别。

斗山塔

首尔市中区乙支路 6 街 18-12 号
(02) 3398-3114
www.doota.com

斗山塔是东大门区最知名的现代百货，聚集约 2 000 家店铺，每家店的店面虽然很小，但是卖的东西都很有特色。这里商品齐全且囊括了当季最流行的货品，依楼层分为女性服饰、休闲服、男性衣物和杂货、皮包、配饰等。

从斗山塔或是 Migliore 到对街的商场旁，路边有成排的露天摊贩。摊贩卖的食物大同小异，不外乎辣炒猪肠、辣炒年糕、关东煮、紫菜卷等。要注意先问清楚价钱再购买。

NUZZON

首尔市中区新堂洞 200-5 号
(02) 6366-3001
www.nuzzon.co.kr

在东大门还有一些商家，它们一般只从晚上营业到次日清晨，并只针对批发商交易，由于购买量大，通常还提供国际运送服务。至于同样商品一次只买 3 件以下的普通游客，有可能会被拒绝交易，纯粹逛逛、开开眼界就好。

NUZZON 位于东大门运动场的东边，和斗山塔、Migliore 遥遥相对，是这一带众多批发商场中的一幢，白天看似静悄悄，但一到深夜就会挤满卸货的人潮。邻近的 U:US、Team 204、Designer Club、apM 等大楼也都是类似的批发商场。

GRU

首尔市钟路区安国洞 175-56 号
(02) 739-7944
www.fairtradegru.com

这是韩国一家倡导公平贸易的服饰店。所谓公平贸易，是有别于现在很多交易是对生产者产生剥削的状况，例如一样商品商人向生产者是以极低价购入，但拿到市场上售卖时，价格却被哄抬到不合理的程度，但生产者获得的利润仍非常少，产生一种不平等的贸易情况。

这家 GRU 便采用亚洲贫穷妇女所生产的服饰，以合理的价格销售，也让她们能得到应有的利润。店内商品包括衣服、饰品、围巾、帽子、包包、杂货等由于全是手工制作，而且使用有机棉、麻材质，看起来、穿起来自然、舒服又清新。

Kim's Boutique

首尔市钟路区昭格洞 106-2 号
(02) 737-8589

说 Kim's Boutique 是三清洞这一带最受欢迎的服饰店绝不为过，不论何时，小小的店面都挤满了时髦的女性，尤其是以日本人最多。这是因为，有自己的设计团队和工厂的 Kim's Boutique 服饰总是充满了当季的流行元素。

Olive Young

首尔市西大门区大岘洞 54-16 号
(02) 365-5290
www.oliveyoung.co.kr

Olive Young 在全韩国共有 40 多家连锁店，和其他彩妆店最不一样的地方，在于 Olive Young 比较像是药妆店，结合了美容和保健品，走的是健康、年轻的路线。这家店的 2 楼提供了贴心的休息场所，逛累了大可以到这里歇歇脚，免费看杂志、上网。

Indah

首尔市西大门区大岘洞 54-12 号
(02) 363-0700
www.myindah.net

Indah 总部设在新村，卖的大部分是手工制作的高级发饰，少部分商品从法国引进，强调“与百货公司商品相同的质感，价钱却更为便宜”，吸引了众多顾客上门。Indah 也经常提供饰品，供演艺界人士搭配服装。

Yes apM

首尔市西大门区大岘洞 145 号
(02) 6373-7000
11:00-22:00（周二休息）
www.yesapm.co.kr

Yes apM 是梨大、新村一带最大的购物商场。共 10 层的大楼中，服饰、皮具、首饰等应有尽有，是附近学生爱逛的人气商场。在崭新舒适的商场内，逛街可是酷暑与严寒季节的最佳选择，7 楼用餐区也提供许多平价的美食。Yes apM 大楼前面有一个大广场，广场会不定期举办活动，如歌手的新歌发布，或者是街舞比赛等。

Kosney

首尔市西大门区大岘洞 56-2 号
(02) 365-9201
10:30-21:00
www.kosney.co.kr

Kosney 卖的是生活杂货、休闲服饰以及创意文具，商品种类相当多，在梨大店至少陈列了上千种商品。

梨大店里共有两层楼，1 楼售卖精品服饰、生活杂货，还有一小块花草区售卖新鲜的盆花和观叶植物。这里的衣服质料相当轻柔舒适，可爱的小碎花增添了不少春季田园的气息。杂货区则售卖各式各样的茶杯、烛台、小装饰等生活用品。地下是个性小家电、寝具还有文具的天堂，还设有一家咖啡店，逛累了可以到这里喝杯咖啡，还可以上网。

EVISU

首尔市西大门区大岘洞 37-3 号
(02) 312-1093
10:00-22:00
www.evisujeans.co.kr

由设计师山根英彦一手打造的日本牛仔品牌 EVISU，以裤后口袋的“M”Logo 成为现在年轻人最喜爱的人气潮牌，而且不仅在亚洲受到欢迎，在欧洲时尚圈也引起注意。

EVISU 在韩国也引起很大风潮，光是首尔就设有多家分店，许多艺人像 Jewelry 和 B.A.P 团体及年轻艺人柳仁英、吕珍九等都是这个品牌的爱好者。

Look Optical

首尔市西大门区沧川洞 13-2 号
(02) 365-0925
11:00-22:00
www.lookoptical.co.kr

一副时髦镜架要多少钱？答案是 12 500 韩元，而且这不是地摊货，而是由专业眼镜店推出的各式镜架。

Look Optical 的新村店有两层楼，1 楼卖场开放式的空间让人可以尽情选购、比较，不会受到服务人员打扰；1 楼同时有个门诊中心，如果懂韩语又有关于佩戴上的问题，都可以在这里寻求服务。2 楼是眼镜和太阳眼镜选购区，主要以进口品牌为主，如 Dior、Prada、Chanel、Ray-Ban 等国际品牌。

CAT’s

首尔市麻浦区西桥洞 365-3 号
(02) 326-1214
13:00-23:00

CAT’s 是一家位于弘大停车场街黄金地段的女装店，店里上衣、裤子、裙子、洋装、领巾、包包、皮鞋、帽子等几乎所有女生需要的装扮行头通通都有，而且全部是韩国制造，有型有款、色彩缤纷，价格称得上平易近人。

自由市场（弘益公园）

3—11 月 周六 13:00-18:00

位于弘益大学正门口对面的弘益公园，平常只是个安静的公园，一到周六下午，就变身为洋溢着艺术气息的“自由市场”，许多对于创作充满热情的年轻人，将自己做的玩偶、衣服、灯饰、笔记本、包包通通拿出来摆地摊。从价目表、名片到商品，清一色都是自制的，每件都有创作者独到的个性。

汉弥尔顿购物中心

首尔市龙山区梨泰院洞 179 号
(02) 6393-1352
10:00-20:00（每月第二、四个周二休息）
www.hamilton.co.kr

位于梨泰院洞中心，为本区最大型的购物中心，可以说是梨泰院的标志性建筑。在此可以买到一般的韩国土特产，也可买到流行的物品，像衣服、皮包、眼镜等。

ITALIANA

首尔市龙山区梨泰院洞 64-34 号
(02) 794-0149
10:00-20:30

1985 年开始营业的 ITALIANA，专门售卖韩国本地制造的皮衣、皮包、皮草等皮革制品，可以说是梨泰院这一带同性质店家历史最悠久的。如店名所示，店里的皮革制品的款式偏向意大利风格，有型、线条优美、选择众多，还可以接受量身订制。

Galleria 百货

首尔市江南区狎鸥亭洞 494 号
(02) 3449-4114
10:30-20:00，西馆周五至周日 10:30-20:30
dept.galleria.co.kr

狎鸥亭亮眼的时尚地标，分为东馆及西馆，外墙贴上 4 330 块玻璃圆盘，其中含有特别的箔片，白天可产生珍珠的银亮效果，晚上则成了一座大型的灯光装置艺术。

商场内部去除一切浮夸的细节，以时装秀的 T 形舞台为灵感，顾客行走在宽敞的廊道上，就有置身时尚世界的华丽氛围。东馆以欧洲精品名牌为主，西馆为现代、年轻品牌，各国设计师和韩国本土品牌都能找到，地下 1 层的食品馆售卖许多严选产地的高级食材，饮食讲究的顾客可以在此好好挑选。

清潭洞时尚街

地铁 3 号线狎鸥亭站下

清潭洞可以说是首尔最昂贵的地段，从狎鸥亭的 Galleria 百货开始，顺着大道一直走，沿路两旁都是国际名牌独幢的精品店，包括 Salvatore Ferragamo、ESCADA、Prada、Cartier、Louis Vuitton、Gucci 等。

Biker Starlet

首尔市江南区清潭洞 96-1 号
(02) 518-1446
周一至周五 10:00-19:30，周六、周日和法定假日 11:00-18:00
www.bikerstarlet.com

韩国 2005 年诞生的皮包品牌，选用高级牛皮，不但色彩饱和、设计时尚有个性，而且注重实用性，连名字听起来都略带阳刚气质，可见不强调柔媚，而是凸显现代女性不拘一格的前卫作风。设计师还亲自参与包包的制作，让每个包包都符合设计师的理念。有名牌包的气势，但是价格相对亲民得多，所以颇受青睐。

COEX MALL

首尔市江南区三成洞 159 号
(02) 6000-0114
www.coex.co.kr

COEX 购物城是集购物、娱乐、文化等各种设施于一体的综合娱乐休闲空间，拥有各式各样服饰和礼品店，并有大型电影院、书店、泡菜博物馆、美食街等，以及一家世界级规模的海洋主题公园。

ZIOZIA

首尔市江南区驿三洞 816-1 号
(02) 552-4712
10:30-22:00
www.ziozia.co.kr

ZIOZIA 是 DAEWOO 企业旗下的品牌，旗舰店设在高级服饰品牌林立的江南，卖场共两层楼高。ZIOZIA 的西装讲究个性和时尚，《浪漫满屋》中，Rain 穿的服饰也是由它提供。ZIOZIA 还推出休闲服系列以及西服配饰，一样走高端路线。虽然设计高雅，价钱倒不至于太贵，一套西装约 200 000 韩元。

文井洞

10:30-20:30（各家不一）

文井洞虽然离市区有段距离，但因为是过季商品的集中区，在这几年渐渐打出名号，有不少人会特地前往。这里的商店常年打折，最常见的折扣是 5~7 折，有的可以降到 2~4 折。虽然价格便宜，但衣服排列整齐，同时还可以让人试穿，让购物多了许多乐趣。

京畿道

京畿道位于朝鲜半岛西部中央地区，环抱着首尔与仁川市外围一圈。京畿道土地面积为10183平方千米，占韩国总面积的10.2%。其地势东高西低，东北部地区属于山岳地带，以北纬38°线与朝鲜相望；而东南部则是辽阔的平原区，京畿道首府城市设在水原市。

京畿道属温带季风气候，气候宜人。4月的春季，温暖明媚；夏季炎热多雨；秋天凉爽干燥，此时满山红叶，是出游的好时节；11月末开始至次年2月份，天气干冷。

作为历史千年的一座古城，京畿道四处分布着各个时期的历史文物古迹、遗迹，高达寺址、世宗大王陵、神勒寺等，都是解读这座城市的好地方。

京畿道交通

区域交通

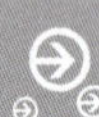

非武装地带 DMZ

所谓 DMZ（非武装地带，Demilitarized Zone），也就是惯称的板门店（Panmunjeom），距离首尔只有大约 60 千米。虽然有大众交通工具前往，但有的地点必须转车再步行，地点与地点之间也不一定交通方便，再加上还要办理申请手续，自行前往其实有些麻烦且浪费时间，建议直接报名当地的旅行团。DMZ 旅行团除了周一休息外，每天都有团出发，绝大多数饭店、旅馆皆可报名。DMZ 旅行团会到住宿点接人，前往时记得携带护照。

Seoul City Tour

www.seoulcitytour.net

I Love Seoul Tour

www.iloveseoultour.com

从首尔车站或光化门站搭巴士 9710 号在汶山巴士客运站下，转搭巴士 58 号于临津阁站下，车程约 1.5 小时；或从首尔车站搭火车京义线至汶山站转搭巴士 58 号。抵达临津阁后，在 DMZ 观光列车售票处购票、申请出入许可并搭乘观光列车前往第三坑道等地。观光列车车票 8 700 韩元。

水原

搭火车至水原站下，约 30 分钟车程；亦可搭地铁 1 号线至水原站下，车程约 1.5 小时。

精华景点

临津阁

- 京畿道坡州市汶山邑马井里 1325-1 号
- (031) 953-4744
- 10:00-18:00（周一休息）
- ch.paju.go.kr

临津阁是 1971 年朝鲜和韩国共同声明发表后，韩国于 1972 年在军事分界线南方 7 千米处修建的纪念景点，里面有朝鲜资料馆、京畿和平中心、自由之桥、和平钟、蒸汽火车等，广场上还陈列着朝鲜战争中使用过的坦克、飞机等军事装备。

第三坑道

京畿道坡州市郡内面点元里
(031) 940-8345
观光列车行驶时间 9:20-15:00（周一休息）

1978 年 10 月 17 日，韩国政府在距离首尔约 52 千米的地方发现了第 3 条朝鲜偷偷挖掘的地下坑道，这条坑道总长 1 635 米，高与宽各 2 米，其规模可令 3 万名全副武装的士兵在 1 个小时内通过，对韩国来说比前两条被发现的坑道具有更大的威胁性。

进入坑道前，必须将随身物品及相机寄放在储物柜里，并戴上安全帽。坑道内禁止拍照。

都罗展望台

京畿道坡州市郡内面第三洞窟路 310 号
(031) 954-0303
10:00-17:00

都罗展望台的所在地，是韩国地界的最北端，1986年开设了展望台，可以最近距离观望朝鲜。利用这里的高倍数望远镜，可以看到开城的一部分市区、样板宣传村、农田、松岳山和金日成的铜像。不过，规定不能朝着朝鲜拍照，要拍照必须站到黄线的后面。

都罗山车站

京畿道坡州市郡内面
(031) 954-0303
观光列车行驶时间 9:20-15:00

都罗山车站是位于韩国最北端的国际线火车站，如果从这里出发抵达平壤，就可以衔接西伯利亚铁路，一路往欧洲前进。奈何 2002 年车站建好至今，朝韩之间的敌对状态仍未消除，这座车站一直不曾真正使用过，目前比较像是一个开放式的纪念馆，也充当展览场地。游客可以在此盖车站纪念章，也售卖纪念品。

水原华城

- 从水原车站搭 2、11、13、32、36、39、82-1、83-1、3000、6000 号巴士于八达门站下，车程 10~15 分钟；八达门的东、西两侧都有华城的入口
- (031) 228-4410
- 1—10 月 9:00-18:00，11 月至次年 2 月 9:00-17:00
- 全票 1 000 韩元、半票 500~700 韩元（一开始的路段无须收门票，西侧西将台和东侧苍龙门须购票）
- hs.suwon.ne.kr

朝鲜第 22 代王正祖李祘为了杜绝朝廷保守派掌控都城资源，有了迁都的打算，1794 年元月开始在水原动工兴建华城，2 年 9 个月后竣工。

水原华城是连绵 5.7 千米的心形城墙，被圈入的面积达 1.3 平方千米。水原华城的建造，在韩国史上具有重大的意义，包括最早并用花岗岩石材与黑砖块、最早运用起重机等机械，不但有效地减轻了施工者的辛劳，也大幅缩短工期、节约经费。

华城的不同角落里，有角楼、将台、炮楼、弩台、敌台、空心墩等，它们各具不同的功能。尤其是空心墩，把砖砌成圆形、中空的墩台，士兵可以进入里面对外射枪，御敌功能强大，也是韩国建筑史上的创举。水原华城 1997 年被列入《世界遗产名录》。步行水原华城一圈，大约需 2.5 小时。

华城行宫

京畿道水原市八达区南昌洞 6-2 号

从水原车站搭 11、13、36 或 39 号巴士于华城行宫站下，车程 10~15 分钟

(031) 228-4677

3—5 月和 10 月 9:00-18:00，11 月至次年 2 月 9:00-17:00，6—9 月 9:00-21:00

全票 1 500 韩元、半票 700~1 000 韩元

华城行宫是正祖为了来水原参拜父亲的墓地，作为临时的住处而构筑，也是正祖自己打算颐养天年的地方，所以规模比其他行宫都大，而且宏伟壮丽。

呈方正格局的行宫里，有近 600 间厅室，展现出朝鲜时代的建筑美学。后来受到日本帝国的入侵毁坏，1980 年当地居民积极筹备复原计划，2003 年终于修复成现在的模样，正式对外开放。

爱宝乐园

- 京畿道龙仁市蒲谷面前岱里 310 号
- 地铁 2 号线江南站下，从 6 号出口出站，步行约 350 米至 Krispy Kreme Doughnuts 前搭巴士 5002 号，每 15 分钟 1 班，车程约 45 分钟，单程车票 1 800 韩元；或搭地铁 2 或 8 号线蚕室站下，从 6 号出口前搭巴士 5800 号，每 20 分钟 1 班，车程约 40 分钟，单程车票 1 800 韩元
- (031) 320-5000
- 10:00-18:00，加勒比海湾水世界 10:30-18:00（依季节而异，请先上网确认）
- 爱宝乐园入场护照全天全票 40 000 韩元、3~18 岁 34 000 韩元、幼儿 31 000 韩元，17:00 后入场全票 33 000 韩元、3~18 岁 28 000 韩元、幼儿 25 000 韩元；加勒比海湾水世界全天全票 35 000 韩元、12 岁以下儿童 27 000 韩元，14:30 后入场全票 30 000 韩元、12 岁以下儿童 23 000 韩元
- www.everland.com

占地达 133 万平方米的爱宝乐园，分成含有游乐园和动物园的“欢乐世界”、综合有各种水上活动的“加勒比海湾水世界”和拥有全长 2 124 米竞赛跑道的“爱宝乐园赛车场”等 3 大游乐场，综合有各种室内及室外的游乐器材，不单只提供年轻人喜爱的惊险刺激的游乐项目，也兼顾到儿童与年长者的需求，为老少皆宜的家庭式游乐园。

江原道

江原道位于韩国东北部，这里历史悠久，是古代朝鲜的八道之一。第二次世界大战后，江原道被朝鲜和韩国各占一半。

江原道境内多山，山地面积占2/3，自古以来就以名山胜水著称，拥有丰富的自然环境。地区内山岳面积就占总面积的80%，更有好几座国家公园，包括雪岳山国家公园、五台山国家公园及雉岳山国家公园。平日游客可以登山健行，秋季则是赏枫的好去处，冬季则可滑雪，一年四季都有游客造访。

江原道气候奇特，西部地区为大陆性气候，四季温差明显，而沿海地区为海洋性气候，气温变化不大，比较暖和。

江原道东临风光明媚的海洋，许多知名韩剧选择在此拍摄，让造访的游客又多了些韩剧迷！

江原道交通

如何到达

春川

搭地铁京春线至春川站下，车程约1.5小时。

从东首尔巴士总站搭巴士于春川市外巴士总站下，车程1小时40分钟。

从仁川机场搭巴士于春川市外巴士总站下，车程约3小时，每日4:30-15:30共6班车。

南怡岛

预约从仁寺洞或蚕室出发的南怡岛直达车，车程约1.5小时，单程全票7 500韩元、往返15 000韩元，往返巴士券+南怡岛门票全票23 000韩元。每天9:30发车，返程为16:00发车。预约专线：（02）753-1247。

搭地铁京春线至加平站下，车程约45分钟。

东首尔巴士总站搭乘前往加平方向的巴士至加平，车程1小时20分钟，每日6:20-22:05每20~30分钟1班车。

江陵

从首尔高速巴士客运站搭巴士在江陵高速巴士总站下车，车程约3小时，每天6:00-23:30每15~30分钟1班车，费用12 600~18 400韩元。

从东首尔巴士总站搭巴士在江陵高速巴士总站下车，车程3小时10~30分钟，每天6:30-23:00每30~50分钟1班车，车票12 600~18 400韩元。

从首尔的清凉里站搭乘火车到江陵站，车程6小时40分钟，每天8:00-23:30共7班车。从釜山的釜田站搭乘火车到江陵站，车程8小时10分钟。

束草

从金浦机场搭飞机到襄阳机场，再搭乘机场巴士至束草市外巴士总站，车程约50分钟。

从首尔高速巴士客运站搭乘巴士于束草高速巴士总站下，车程约3小时，每天6:25-23:00，途经襄阳；或从东首尔巴士总站搭乘巴士在束草高速巴士总站下，车程约3小时，每天6:30-21:00，途经襄阳。

从江陵车站搭火车到束草车站，车程1小时20分钟。

从江陵市外巴士总站搭乘往束草方向的巴士，到束草市外巴士总站，车程1小时40分钟。

精华景点

南怡岛

- 从加平火车站或巴士站搭巴士或出租车到渡口，车程约10分钟。码头7:30–9:00每30分钟1班船、9:00–18:00每10~20分钟1班船，18:00–21:40每30分钟1班船。船程约10分钟
- (031) 580–8114
- 含往返船票，全票10 000韩元、半票4 000~8 000韩元
- www.namisum.com

原为一处私人公园，岛上有多处绿茵草地，数条笔直的银杏树和杉木林道，一到秋天，枫叶区的红叶加上金黄的银杏叶，比冬季的雪景更添几分诗意。公园入口处有一些人工游乐设施，园内饲养了许多兔子、鹿，不时可见动物们散步林间。

这个因为韩剧《冬季恋歌》而声名大噪的景点，剧中架设的咖啡屋不但保留原样，墙上还挂有幕后花絮照片以及演员们的亲笔签名。一到晚上，咖啡屋外会点起蜡烛，一盏盏烛光营造出不同白日的静谧气氛。岛上的浪漫美景不仅是游客的目的地，也成为情侣们假日约会的去处。

南怡岛上也提供住宿，设施简单，分有韩式炕房或公寓式房间，但住房较少，因此并不建议在南怡岛过夜。

真音留声机&爱迪生博物馆

- 江原道江陵市苧洞 35-1 号
- 从江陵巴士总站搭 202 号巴士于镜浦台站下，步行约 3 分钟可达
- (033) 655-1130
- 冬季 9:00-17:00，夏季 9:00-18:00
- 全票 7 000 韩元、半票 5 000~6 000 韩元
- www.edison.kr

这座私人博物馆的馆长孙木成本身是一位建筑师，因为从朝鲜迁移至韩国时，身上只有一部父亲留给他的留声机，便对留声机有着特殊情感，从 14 岁就开始收藏各式各样的留声机。

馆里 4 500 件收藏是馆长花费 45 年，从世界各地收集而来，包括 1912 年爱迪生发明的留声机、1888 年没有喇叭的木柜式留声机、1903—1905 年流行的大喇叭留声机，一直到近代有着特殊造型的音响等。走进馆内仿佛走进留声机的发展历程中。

其中最特殊的是全世界最小、直径 3.5 厘米的黑胶唱片，据说播放黑胶唱片的也是世界上最小的留声机，现为大英博物馆所有，两方还曾为了要同时收藏机器和唱片而进行协商。馆内还特别设了一间播放室，以 1999 年法国制造的顶级音响播放音乐，让旅客能真正体验到音响之美。

正东津车站

江原道江陵市江东面正东津里

从江陵巴士总站搭 109 号巴士，7:00~20:00 约 2 小时 1 班，车程约 40 分钟；或从江陵市内的新荣戏院搭 111、112、113 号巴士，于正东津站下；江陵往正东津的火车，1 天只有 1 班；从首尔清凉里火车站搭乘往正东津的列车，车程约 6 小时，车票 17 300~23 300 韩元

位于江陵市北端的正东津车站，是世界纪录认证为“全世界离海岸线最近的火车站”。有多近？只要从站台跑十几步，就可以触摸得到浪涛！铁道与碧海蓝天并列眼前，景致相当优美。每逢夏季，洁白沙滩上总能看到成群的戏水人潮。

正东津车站站台需购票才可入内。也可选择从北边的东海车站搭乘火车，列车沿途紧邻东海岸行驶，韩剧《爱情雨》里年轻时的仁河和荷娜就曾坐火车游过这条海岸线。

五台山

- 江原道平昌郡珍富面东山里 63 号
- (1) 黄袍加身路线：从东首尔巴士总站搭巴士于珍富站下，车程约 2 小时 15 分钟，30~40 分钟 1 班车；或从江陵巴士总站搭巴士于珍富站下，车程约 50 分钟，再转搭往五台山的市区巴士于五台山站下，车程约 40 分钟，约 1 小时 1 班车。(2) 五台山小金刚路线：从江陵车站搭乘 303 号巴士，于五台山小金刚站下，车程约 1 小时
- (033) 332-6417
- 4—10 月 16:00 至次日 4:00、11 月至次年 3 月 15:00 至次日 5:00，以及每天日落至日出前 2 小时禁止入山
- 月精寺与上院寺联票：全票 3 400 韩元、半票 700~1 300 韩元

MUST-VISIT 必游之地 PLACES

五台山因为周围有虎岭峰、象王峰、头老峰、东台山、毗卢峰五座山峰簇拥着，远看就像是一朵莲花，因而被称为五台山。据说在新罗宣德王时期（643 年），慈藏律师在中国的五台山上亲眼见到文殊菩萨，并得到佛祖头顶骨舍利后回到韩国，将其供奉在江原道的五台山上，并创建了月精寺。山上还有同样建于新罗时期的上院寺，以及朝鲜时期世祖大王在此发生的传说故事，加上春夏的枞树林步道、秋天的枫红美景，总是吸引络绎不绝的游客。

月精寺与上院寺分别位于国立公园山脚下的两个入口处，彼此车行距离约 15 分钟，又叫做“黄袍加身路线”。在尚未进入月精寺之前，可见一座“月精大枷蓝”的入山牌楼，沿着牌楼前行，是一条枞树林步道。从停车场一直往月精寺方向，则为秋季赏红叶的步行路线。

从江陵出发，可以到达五台山东侧的“五台山小金刚”。以貌似仙鹤展翅的青鹤山、险峻的老人峰为首，周遭怪石狰狞、瀑布奔流，让人赞叹大自然的鬼斧神工，这里同样是游客热爱的旅游胜地。

雪岳山

- 江原道束草市雪岳洞雪岳山国家公园内
- 从束草市外巴士客运站搭 7、7-1 号等往雪岳山的巴士，在雪岳山小公园站下，车程约 30 分钟，每日 5:30~22:00 每 10~20 分钟 1 班车；或从巴士总站搭出租车到外雪岳入口，车程 5~10 分钟
- (033) 636-7700
- 3 月中旬至 5 月下旬、11 月中旬至 12 月中旬权金城、蔚山岩等地禁止入山。一般开放时间为日出前 2 小时至 16:00（小公园、新兴寺至 20:00），实际情形依天气状况调整
- 全票 2 500 韩元、半票 600~1 000 韩元
- seorak.knps.or.kr
- 国家公园内气候变化多端，管理人员会依山况封闭某些道路或观光景点，最好先上网或电话查询实际情况

雪岳山拥有雄伟的山景、秀丽的溪谷，主峰大清峰海拔 1 780 米，虽为韩国东部海拔最高的国家公园，但坡缓利行。山色随着四季更迭而变化，为奇岩峻石的刚硬线条增添几许柔媚。

雪岳山大致可分东部由束草进入的外雪岳、南部由襄阳入山的南雪岳，以及由麟蹄方向进入的内雪岳，各方皆有难易不同的登山路线。

若想轻松又要赏美丽风景，南雪岳可以铸钱谷路线为主，北雪岳则以权金城、缆车观景最为热门。这两条路线来回花费时间约为 2 小时。尤其是一到秋天，树林中红黄相间的美景，吸引不少游客从外地开车前来。

雪岳水上乐园

江原道束草市长沙洞 24-1 号

从束草搭 3 号巴士于雪岳韩华度假村站下，车程约 15 分钟。从首尔乙支路韩华大厦、蚕室韩华 Mart 亦有开往雪岳韩华度假村的巴士

(033) 635-7700

淡季 6:00-20:00，旺季 6:00-21:30

全票全日 38 500~55 000 韩元、早场 8 000 韩元、午场 32 500~46 500 韩元、晚场 19 000~27 500 韩元

www.seorakwaterpia.com/irsweb/waterpia

由韩华度假村集团所经营，除了拥有接近雪岳山等优越地理条件之外，更因为拥有百分之百的温泉水质吸引人前来洗涤身心。有普通的温泉池，更有结合水上活动和温泉的功能池，可以穿着泳衣体验水上乐园的游乐设施。

花津浦海滩

江原道高城郡县内面和巨津邑

从束草市外巴士总站搭往大津的市区巴士，车程 30~40 分钟；从东首尔长途巴士站搭往杆城的巴士，于杆城转搭往巨津或大津的 1 号巴士，在大津高中下，再步行 15 分钟可达

(033) 680-3352

星级推荐

长约 1 千米的花津浦海滩原本以夏季海棠花开闻名，因为是韩剧《蓝色生死恋》女主角最后撒手人寰的地方而声名大噪。走在沙滩上，除了海浪声，还可以听见脚踏在沙滩上的沙沙声响，韩国人称之为“鸣沙”。海滩后方的纪念馆是朝鲜前总理金日成生前的避暑山庄，1964 年重建后除住房保留原样，其他空间则改成了历史展示馆。

住在江原道

凤凰度假村
Phoenix Park

度假村

- 江原道平昌郡凤坪面绵温里1095号
- (02) 554-0600
- 双人房约 260 000 韩元起
- www.phoenixpark.co.kr

位于江原道平昌郡海拔700米处，拥有13条滑雪道、9家高尔夫球场等多项休闲活动设施，住宿区分为公寓式住房、西式旅馆和青年旅馆。公寓式住房就是附带客厅、厨房的韩国炕房。大楼下有活动中心、健身房、滑雪用具供应区、超市、餐馆，还有保龄球场、室外滑水道游泳池、夜总会等。每栋大楼的地下室有相互联结的通道，冬季时，旅客无须冒着寒风往返活动地点。

坐落在公寓式住房后方的Euro Villa为欧式建筑风格，其中一间套房曾为韩剧《蓝色生死恋》中元彬所饰演的泰锡的住房。

龙平度假村
Yongpyong Resort Villa Condo

度假村

- 江原道平昌郡道岩面龙山里130号
- (033) 335-5757
- 双人房约 130 000 韩元起
- www.yongpyong.co.kr

拥有28条滑雪道，为韩国最大的滑雪度假村，1999年冬季亚运会就在此举行。这里向来是热门的滑雪胜地，加上曾是《冬季恋歌》的拍摄地，更让国内外游客争相前往。

吃在江原道

春川鸡排一条街

江原道春川市朝阳洞

春川明洞旁有一条小巷，阵阵烧烤香从小巷袭来，这就是著名的春川鸡排街。经过辣椒酱料腌制的鸡肉加上蔬菜、大把青葱，还有香弹的炒年糕条，在大铁锅中炒得香气四溢，最适合三五好友同享。春川人建议吃完鸡排后，再来一碗口感极佳的春川荞麦冷面，连首尔人都愿花 1~2 小时车程到春川享用这绝赞好味。

江陵草堂豆腐村

江原道江陵市草堂洞

江陵草堂的海水豆腐，就是将海水当作硬化剂，在豆浆煮沸后适时加入些许海水，使其凝固；海水本身就有一点咸味，刚制作好的豆腐趁热吃，味道极佳。

当地店家以水管探入海底，抽取深海干净的海水制作成的豆腐较我们常吃的豆腐稍硬，结构紧实，一口咬下，豆香就在嘴里散开。豆腐未定形前，店家会将最上层的豆花舀出做成豆腐汤，加上泡菜一起吃，十足的韩式风味。

草堂婆婆水豆腐

江原道江陵市草堂洞 307-4 号（草堂豆腐村内）

(033) 652-2058

7:00-20:30

已经营 20 年，可以说是草堂豆腐村里历史最悠久的豆腐店。店内卖的是清一色手工制作的豆腐料理，有软绵嫩滑的凉拌豆腐，以及香气浓郁的水豆腐，搭配热腾腾的白饭、腌制一年以上的泡菜，还有自制味噌酱，虽然朴实简单，却最能吃出大豆本身的鲜甜滋味。

五台山野菜拌饭

江原道平昌郡珍富面上珍富里 291-1 号

(033) 336-9931

8:00-22:00

五台山附近的餐馆，择取 12 种野菜，混合白饭、荷包蛋、辣椒酱、香油等，制成当地特殊风味的拌饭。野菜中较特殊的是一种名为 Namul 的野菜，有嚼感也有特殊香气。饭后有用锅巴煮的米汤、豆腐汤，加上各式江原道特产小菜，松茸、南瓜、马铃薯等，吃起来清爽又饱腹。

束草大浦港

江原道束草市大浦洞

(033) 635-2003

大浦港是束草相当热闹的观光海港，沿着港边是热闹的鱼市和小吃摊，对面则有许多 24 小时营业的海鲜餐厅及土特产店。从雪岳山方向下来只需 20 分钟车程可达。

想吃鲜美的海产，可以在摊位挑好鱼，让鱼贩将鱼处理干净，直接切片盛盘，配上酱料和一盆野菜，就可以坐上防波堤享受新鲜海味。渔市旁也有现烤鱿鱼、蛤蛎、鱿鱼肠，以及烤栗子、马铃薯甜包等小吃摊。最后不妨到土特产店买一些便宜又新鲜的鱿鱼干。

釜山

釜山位于庆尚南道的东南角，在15世纪时是一个名叫富山浦的小渔港，由于群山围绕港口的地势像极了煮饭的大釜，后来被改称为釜山。

1876年釜山开港，逐渐成为连接日本及西欧各国重要的国际贸易港，并发展成仅次于首尔的第二大城，拥有四百万人口。

釜山气候温暖，海港性格热情奔放，是一个充满活力的多样的城市。在市中心的南浦洞有着引领潮流的时尚风貌，是年轻人聚集的热闹商圈；郊区的海云台、广安里有美丽的海滩，高级饭店鳞次栉比，为远近知名的度假区；搭乘地铁还能够到达东莱温泉乡，享受温泉。每年举办的釜山国际电影节、釜山国际艺术节、釜山国际摇滚乐节，总是吸引许多人潮，热闹不已。

釜山交通

如何到达——飞机

从北京、上海、青岛、沈阳可搭飞机直飞釜山。而从首尔金浦机场与仁川机场皆有航班可达釜山金海机场，需1小时。

机场至市区交通

机场巴士

金海国际机场位于釜山市区西端的江西区，分国际线与国内线，机场距离市中心40分钟到1小时车程。

机场前方有3个巴士站，停靠2线机场巴士与多线市区或市外长途巴士。机场巴士车票可直接向司机购买，车内有英、日与中文的到站广播。1线前往南川洞、水营、海云台方向，票价6 000韩元，运营时间为5:10-21:40，每20分钟1班；另1线前往西面、釜山火车站、中央洞、南浦洞、忠武洞等地，票价5 000韩元，5:50-21:40每40分钟1班。

www.gimhaeairport.co.kr

机场线轻轨地铁

机场线的轻轨地铁，已于2011年9月正式通车。地铁站位于机场外侧，过马路不久即达，可至沙上站转乘地铁2号线进入市区；或至大渚站转乘地铁3号线进入市区。机场至沙上站票价1 400韩元。

如何到达——火车

釜山共有5个火车站，包括龟浦、釜田、釜山、海云台和松亭站，其中最主要的釜山站，以往返首尔之间的京釜线为主，高速铁路和一般铁路皆有停靠，又与地铁1号线的釜山驿站交会，相当方便。

从首尔站搭高速铁路京釜线，约2小时40分钟可达釜山站，票价51 800~55 500韩元；特快车新村号需4小时10分钟；无穷花号约需5小时车程。

京釜线以外的列车，例如往返庆州、安东、江陵等地的列车，则主要停靠在釜田站，也与地铁1号线的釜田站相通。

如何到达——长途巴士

釜山的高速巴士总站与东部市外巴士总站在一处，位于市区北端与地铁1号线的老圃站相连，从这里可以往返首尔、大田、大邱、光州、庆州、晋州、蔚山等地。有部分开往釜山的巴士会在地铁1号线斗实站停车，离市中心更近一些。首尔至釜山直达高速巴士的票价22 000~36 000韩元。

另外，在地铁2号线的沙上站还有一个西部市外巴士总站，若前往釜山西侧的城市包括全州、统营、光州、丽水等，则可在这里搭车。

市区交通

地铁

釜山目前拥有 4 条地铁线，几乎涵盖了所有市区内景点。票价依区间间隔，1 区间为 1 200 韩元，2 区间为 1 400 韩元。

www.humetro.busan.kr

市区公交车

市区公交车分成蓝色的普通公交车、红色的座席公交车以及小型公交车。普通公交车的费用是 1 200 韩元，座席公交车 1 800 韩元，通常行走较长距离的路线。小公交车多为市区循环巴士，车票 700~950 韩元。公交车的起点与终点站名会用汉字标识，中间的停靠站则要游客先在站牌确认。上车投票后，在想要下车的停靠站前按铃即可下车。

釜山城市观光巴士

釜山也有针对国际游客而特别设计的观光巴士，从釜山车站出发，经过市内各地的观光区域后，再回到釜山车站。有韩、中、英、日文 4 种导览语言。周一不行驶。全票 10 000 韩元，半票 5 000 韩元。

www.citytourbusan.com

地铁一日券

4 000 韩元，可在 1 日之内任意搭乘地铁，如果搭乘超过 4 次以上就划算了，但是公交车不适用。地铁内售票机即可购买。7 日券 19 000 韩元，可搭乘地铁 20 次。

出租车

出租车分为一般出租车与模范出租车，一般出租车的灯箱为蓝底黄字，模范出租车则为黄底黑字，为宽敞的黑头车。一般出租车起跳价格为 2 200 韩元，2 千米后每 143 米加收 100 韩元。模范车 4 500 韩元起跳，之后每 160 米加 200 韩元。此外，一般出租车深夜 12 点以后会有 20% 的夜间加成。

旅游咨询

釜山的旅游服务中心服务点比首尔少得多，在金海机场国际及国内航站楼内、釜山火车站内、海云台海水浴场旁可找到。

金海机场：国际线 1 楼及国内线 1 楼

(051)973-2800（国际线）；
(051)973-4607（国内线）

釜山车站：釜山车站 2 楼，购票处旁

(051)441-6565

海云台：海云台警察局旁

(051)749-4335

ctour.busan.go.kr/index.busan

精华景点

南浦洞

地铁 1 号线南浦洞站下，从 1、3、5 或 7 号出口出站，步行 1 分钟可达

10:00-21:00

贵为韩国的第二大城，当然少不了几个最繁华的区域，在釜山就属南浦洞为当地人最爱逛的地区。南浦洞以龙头山公园的釜山塔为中心，附近流行服饰、商店、百货一应俱全，几乎所有听过和没听过的韩国知名品牌均有进驻，热闹程度不输首尔的明洞购物区。

与南浦洞紧邻的光复洞，两区没有明显的界线，以光复路为中心，商品主要为国内与国外的名品，服饰、鞋子等一应俱全，之中也有不少餐厅和咖啡馆。

龙头山公园

- 釜山市中区光复洞 2 街 1-2 号
- 地铁 1 号线南浦洞站下，从 1 号出口步行约 200 米可达山脚下的龙头山户外电梯
- (051) 245-1066
- 公园 24 小时，釜山塔观景台 4—9 月 8:30-22:00，10 月至次年 3 月 9:00-22:00
- 公园免费，观景台全票 4 000 韩元、半票 3 500 韩元
- www.yongdusanpark.or.kr

必游之地 MUST-VISIT PLACES

位于釜山市中心小山丘上的龙头山公园，是随 1876 年釜山开港后所建的公园，因为外形像龙头而得此名。海拔 180 米的釜山塔是釜山的地标，搭乘高速电梯只需 40 秒就能直达塔内的展望台，以 360° 的视野俯瞰周围景观：向北可以见到釜山站，向南可以眺望影岛大桥、光复洞、南浦洞等繁华景象，东边是大小船只交错的釜山港，西边则是国际市场等。除了白天繁华景象外，这里的夜景也很迷人。

太宗台

- 釜山市影岛区东三洞
- 从地铁南浦站 6 号出口出站，步行约 200 米左右抵达往影岛的巴士站，搭 66、88 或 101 号巴士，在太宗台车库地站下，然后步行前往太宗台风景区入口
- (051)405-2004
- 门票免费，游园列车每人 1 500 韩元
- 太宗台范围相当大，建议搭乘游园列车，持票可在中途任意站上下车，省时又高效

MUST-VISIT 必游之地 PLACES

影岛和釜山市区以影岛大桥相连接，太宗台即位于影岛的最南端。传说新罗王朝的太宗——善德女王的外甥武烈王金春秋为这里的视野所陶醉，常常到此游览，所以名为太宗台。

太宗台里值得停驻的景点，首推观景台与灯塔。在观景台设有高倍望远镜，可以眺望对面海峡与海面上的一切现况。观景台的顶楼还有展览空间，随时有不同的展出主题。在灯塔处有沿着海边而建的散步道，行走其间随处可见断崖绝壁与海天相连的奇景。如果天气好还可眺望日本的对马港，沿途白色灯塔更是拍照绝景。

广安里海水浴场

🏠 釜山市水营区广安 2 洞 192-20 号

🚌 地铁 2 号线广安站下，从 3 号出口出站，步行约 10 分钟可达；或在金莲山站下，步行约 10 分钟

☎ (051)622-4251

市区以东的广安里有一条长达 1.4 千米的沙滩，洁白的沙滩后侧是成排的餐厅、咖啡厅，充满了闲适的度假气息，还有一条横跨在海面上的广安大桥，所以广安里海水浴场成了釜山人最喜欢坐在咖啡厅里欣赏广安大桥的浪漫约会地。

广安大桥总长 7.4 千米，桥身有顶尖的照明设施，会在夜色里变换灿烂的灯光，是韩国第一座具有艺术造型的桥梁，也是釜山最具代表性的夜景。这一带海边除了餐厅之外，时尚流行商店林立，东侧还有成幢的生鱼片海鲜餐厅大楼，人气旺盛。

冬柏岛

釜山市海云台区佑洞

地铁 2 号线冬柏站下，从 1 号出口出站，步行约 10 分钟可达；亦可在海云台站下，从 5 号出口出站，步行约 15 分钟

在韩文里冬柏其实就是指茶花，冬柏岛已经不是岛，而与陆地连成一片，海边种满茶花树和松树，加上灯塔、嶙峋的礁岩、沿着海岸铺设的散步道，形成相当美丽的景致。2005 年更因为亚太经济合作高峰会议把会场设在冬柏岛，使此地从此声名远扬，成了游客造访釜山的必游地。

世峰楼

釜山市海云台区佑洞冬柏路 116 号
地铁 2 号线冬柏站下，从 1 号出口出站，步行 15~20 分钟可达；亦可在海云台站下，从 5 号出口出站，步行 20~25 分钟
(051)744-3140
9:00-18:00（每月第一个周一休息）

专为 2005 年亚太经济合作高峰会议而建的会场，位于冬柏岛海滨，兼具自然和现代美感的圆形造型建筑令人惊叹。建筑内陈列有当年开会时的照片、建筑模型、会议圆形桌、各国元首合影的纪念照片等。由于位于岛的至高点，四周的景观皆一览无余。

海云台海水浴场

釜山市海云台区中 1 洞 1015 号

地铁 2 号线海云台站下，从 3 号出口出站，步行约 10 分钟可达。亦可搭乘往庆州方向的东海南部线火车，在海云台站下车

(051)749-7614

sunnfun.haeundae.go.kr

星级推荐

位于市区海岸边的海云台，拥有绵延 2 千米长的细白沙滩。海水很浅、风平浪静、天然条件优越，是釜山最具代表性的海水浴场。一到夏日，整个海滩就挤满戏水的人潮，热闹非凡。

海滩周围聚集了众多顶级饭店，让此区如同夏威夷海滩般成为众人梦想的度假天堂。各项生活设施完善，使其发展成为釜山最热门的度假区。

釜山水族馆

釜山市海云台区中 1 洞 1411-4 号
地铁 2 号线海云台站下，从 3 号出口出站，步行约 10 分钟可达。亦可搭乘往庆州方向的东海南部线火车，在海云台站下车
(051)740-1700
周一至周四 10:00-19:00，周五至周日、假日、暑假 9:00-21:00
全票 18 000 韩元，优惠票 13 000~16 000 韩元
www.busanaquarium.com

面积达 4 000 平方米，曾经是韩国单一建筑规模最大的水族世界，目前有 400 多种、共计 4 万多只海洋生物。其中最令人赞叹的是 80 米长的海底隧道，包含了 3 000 吨重的水，可以 270° 视野观看大型鲨鱼在里面穿梭，非常壮观。还有热带雨林生态馆、水獭展示馆、企鹅展示馆、水母展示馆、深海生物馆等，以及可以近距离接触海洋生物的触摸池。

海云台温泉

- 釜山市海云台区中 1 洞
- 地铁 2 号线海云台站下，从 3 号出口出站，步行约 10 分钟可达。亦可搭乘往庆州方向的东海南部线火车，在海云台站下车
- 3—10 月 10:00-17:00，11 月至次年 2 月 11:00-16:00（每年 7 月 20 日至 8 月 20 日、1 月休息）

海云台温泉在新罗时代被称为龟南温泉，属于碱性盐泉，含有镭元素，对治疗皮肤病、腰疼、高血压、风湿、消化系统疾病等具有一定的疗效。据说真圣女王小时候患有天花，泡了海云台温泉后竟然得以痊愈，神奇的疗效因此被传播开来。

目前海云台区政府把佑洞、中洞共 1.4 平方千米的地方指定为温泉特区，并在海水浴场旁修建了一个足浴空间，所有的人皆可以坐下来享受免费的温泉滋润。

Spa Land

新世界 Centum City 1 楼

地铁 2 号线 Centum City 站下，从 12 号出口出站即通往百货公司地下楼层

(051)745-2900

6:00 至次日凌晨（售票至 22:00）

平日全票 12 000 韩元、学生票 9 000 韩元、8:00 前与 20:00 后 7 000 韩元，周末、假日全票 14 000 韩元、学生票 11 000 韩元、8:00 前与 20:00 后 9 000 韩元。单次门票以入场 4 小时为限

www.shinsegae.com

位于新世界 Centum City，拥有从地下 1 千米抽出的 2 种天然温泉，打造出 22 个温泉池，13 个包括黄土、炭火、盐、冰等不同主题的汗蒸幕。也有牛奶浴、蒸气桑拿、可欣赏电视的休息室、咖啡厅等，以及从头到脚的护理疗程，设施新颖齐全。

东莱温泉区

- 釜山市东莱区温泉洞
- 地铁 1 号线温泉场站下，从 1 号出口出站，步行约 10 分钟可达
- (051)761-5599
- 3—10 月 10:00-17:00，11 月至次年 2 月 11:00-16:00(每周三、周五、每年 7 月 20 日至 8 月 20 日、1 月休息)

位于市区北端的东莱，相传自三国时代就有温泉涌出，历史相当悠久。东莱温泉属于碱性的盐泉，水温 55℃左右。1898 年，日本人开始出资在温泉区设立旅馆，之后逐渐发展成温泉观光村。

2005 年为了迎接亚太经济合作高峰会议，特别修建了一个露天温泉足浴场，让大家都可以享受免费的优质温泉浴。

金刚公园

- 釜山市东莱区温泉 1 洞山 27-9 一带
- 地铁 1 号线温泉场站下，从 1 号出口出站，步行 15~18 分钟可达；亦可在地铁站对面转搭 10-1 号绿色小巴抵达公园门口
- (051)860-7880
- geumgangpark.bisco.or.kr

位于金井山东南方的山脚下，是市民接近大自然的休闲绿地。园区内还有小型的主题乐园、旧时都护府的遗迹等。

金刚公园里有可以直达金井山的缆车，长 1 260 米，直上海拔 540 米，是韩国最长的双线缆车，沿途在缆车上可眺望海云台、釜山市区等景观。

金井山城

- 釜山市金井区金城洞
- 地铁 1 号线温泉场站下，从 1 号出口出站，步行 15~18 分钟可达金刚公园，园内搭乘缆车上山；亦可在地铁站对面转搭 203 号巴士至山上的南门站下，再步行至南门
- (051)514-5501
- 缆车 9:00-18:00
- 缆车单程全票 4 000 韩元、半票 2 000 韩元，往返全票 7 000 韩元、半票 3 500 韩元
- kumjungsansung.com

盘踞釜山东北侧的金井山，山上修筑了长达 17 377 米的城墙和东、西、南、北 4 座城门，据推测最早完成于三国时代的新罗，是韩国规模最大的山城；日军侵略时期曾遭受严重的破坏，1971 年开始修复，并被定为国家史迹。

搭乘缆车上山，顺着登山道大约 20 分钟，可达 1.3 千米处的南门，再从这里顺着城墙前往东门或北门等。山顶上松林茂密，点缀在花岗裸岩间，空气清新，是釜山热门的登山路线。

梵鱼寺

- 釜山市金井区青龙洞 546
- 地铁 1 号线梵鱼寺站下，从 5 或 7 号出口出站，沿着上坡路步行 3~5 分钟，可达小型的巴士总站，转搭 90 号小巴在梵鱼寺入口处站下车，中途没有停站，车程 10~15 分钟
- (051) 508-3122
- 3—10 月 8:30-17:30，11 月至次年 2 月 8:30-17:00
- www.beomeosa.co.kr

坐落于金井山东边山腰，是拥有 1 300 多年历史的古刹，据传闻金井山的山脊上有口金色的井，曾经有金色鱼乘五色云自天而降至井内玩耍，因此得名梵鱼寺。

梵鱼寺最早建于 678 年，原是拥有 36 座建筑的庞大规模的寺院，但在壬辰倭乱中全部被毁，只剩下 9 世纪的三层石塔。直到 1613 年，朝鲜的光海君在位时期终于重建，目前我们见到的大雄殿便是这一时期的建筑物，堪称朝鲜时代建筑的代表作之一。此外还有 7 座殿阁、2 座阁楼、11 座净修庵、3 扇巨门等。在杉林的怀抱下，大自然传来清幽舒适的气息，袅袅梵音回荡寺庙，气氛宁静而庄严。

住在釜山

东横 Inn 釜山站 1 号店
Toyoko Inn Busan Station No.1
连锁酒店

釜山市东区草梁洞 1203-15 号
(051)466-1045
单人房 60 500 韩元，双人房 71 500 韩元起
www.toyoko-inn.kr

位于釜山车站前的广场旁，一出站就能找到。为了提供方便且价格低廉的住宿，设施一切从简，对只要求晚上睡觉舒适的旅客而言，是最佳选择。

釜山汽车旅馆
Busan Inn Motel

釜山市东区草梁洞 1200-14 号
(051)463-5505
单人房 35 000 韩元，双人房 35 000 韩元
www.busaninn.com

位于釜山车站旁的小巷子里，外表非常老旧，但内部客房舒适，对大部分时间在外的旅客是便宜、简便的落脚处。

阿里郎酒店
Arirang Hotel

釜山市东区草梁洞 1204-1 号
(051)463-5001~8
双人房 52 000 韩元起
www.arirranghotel.co.kr

位于釜山车站前的广场旁，一出站就能找到。历史悠久，加上价格便宜，还是会吸引预算有限的旅客。

釜山观光酒店
Busan Tourist Hotel

釜山市中区东光洞 2 街 12 号
(051) 241-4301
双人房 150 000 韩元起
busanhotel.co.kr

坐落在都会绿洲龙头山公园旁，推开窗户就能看到釜山塔。现代化的客房整洁舒适，前往南浦洞地区或地铁站都很便捷。

诺富特国宾釜山酒店
Novotel Ambassador Busan
★★★★★

釜山市海云台区中洞 1405-16
(051)743-1234
双人房 154 000 韩元起
www.novotelbusan.com

海云台海滩旁的高级酒店，也是韩国艺人们喜爱光临的旅馆。从海景客房眺望，无边无际的蓝色海洋一览无余，就算不出门也能拥抱美好的景色。

釜山威斯汀朝鲜酒店
The Westin Chosun Busan
★★★★★

釜山市海云台区佑 1 洞 737 号
(051)749-7000
双人房 260 000 韩元起
www.chosunbeach.co.kr

1978 年开业，由于不断维修翻新，加上位于冬柏岛入口和海云台海滩旁的地理位置之便，仍保持高级度假酒店的地位。

釜山乐园酒店
Paradise Hotel & Casino Busan
★★★★★

釜山市海云台区中洞 1408-5
(051)742-2121
双人房 360 000 韩元起
www.paradisehotel.co.kr

位于海云台海滨，视野佳，酒店里还有免税店和赌场。也有包含露天浴池的水疗中心，不过要记着带上泳衣。

吃在釜山

奶奶伽耶麦面

釜山市中区南浦洞 2 街 17-1
(051)246-3314
7:00-22:00

釜山有一种特殊的冷面，面条是以小麦粉做的，比一般冷面略粗些，口感更细腻些，搭配 10 多种韩方药材熬煮出来的汤汁，另有一番风味。位置在靠近国际市场的小巷弄里，不太好找。

草梁麦面

釜山市东区草梁洞 491-2 号
(051)464-6281
7:00-22:00

位于釜山车站附近的草梁麦面，招牌料理也是利用小麦粉制成的面条做成的冷面，弹牙爽口，即使不是用餐时间也人满为患。就在街边，很容易找到。

包装马车

釜山市海云台区中 1 洞
17:00 至次日 5:00

所谓“包装马车”，其实是韩语“포장마차”的直接音译，就是泛指路边摊贩。在海云台海水浴场外、前往冬柏岛方向的马路旁有一处空地，集结了数十个食品摊。他们经过整合显得井然有序，多半黄昏时才开始营业，售卖的食物大同小异，以生鲜海产最多，也有热炒、辣炒年糕、黑轮等传统韩式小吃，价格也差不多，可以说是釜山规模最大的路边小吃摊集中区。

美成河豚烤肉

釜山市海云台区佑洞 1483 号
(051)743-3575

釜山的河豚料理相当有名，这家美成从 1978 年开始营业，已有 30 余年历史。丰富的河豚套餐包括河豚汤、炸河豚、炒河豚等好几种吃法，最后还可把白饭倒进去一起炒，香气令人即使已经饱了还是忍不住再吃一口。餐厅里有一面墙布满名人的签名，包括多次光顾的裴勇俊。

购在釜山

乐天百货（光复店）

釜山市中区中央洞 7 街
地铁 1 号线南浦洞站下，从 10 号出口出站可达
(051)678-2302
www.ellotte.com

位于南浦洞南侧的这家乐天百货，不但是游客购物的首选，更有特别的表演可看。从挑高中庭的地下 1 层到 3 层，有一座 18 米高的音乐喷泉，被吉尼斯世界纪录认证为“全世界规模最大的室内音乐喷泉”，每到整点会有精彩的喷泉秀，声光效果相当棒。

国际市场

釜山市中区新仓洞 1~4 街
(051) 245-7389
9:30-19:30，依店铺而异（每月第 1、3 周的周日休息）

位于龙头山公园西侧，在光复路以北约 500 米的国际市场，是釜山最大的传统露天市集。这里原本是战争时作为供应国际联军军事物资的黑市，不过今日则是售卖一般衣物、杂货、家电等日常用品的市场，当然也有不少小吃的摊贩和泡菜区。整条狭小走道中聚集众多的摊贩，两旁的商店则是以卖服饰居多。

BIFF 广场

釜山市中区南浦洞 5 街

国际市场南侧是聚集大小电影院的电影街，釜山国际电影节（Busan International Film Festival，BIFF）便是在这里举办的。从入口处的地板开始，可以看到各国明星、导演们所留下的手印。除了星光闪闪的电影节期间，平日街上也都是来看电影的年轻人。电影街旁有众多小吃摊，与国际市场连成一片，热闹非凡。

札嘎其市场

釜山市中区南浦洞 4 街 37-1
(051) 257-9030
8:00-22:00，依店家而异
www.jagalchimarket.org

釜山规模最大的海产市场，以 3 层楼高的旧大楼和 7 层楼高的新大楼为中心，1 楼上百家店卖的全是刚捕捞上来的各式海鲜，市场 2 楼和四周则包围着众多海鲜餐厅，大楼旁路边也有其他卖海鲜的摊贩。游客在挑选好海鲜后，可就近找一家海鲜店请店家代为处理后趁鲜享用，只需付少许酱料费及手工费即可。

西面

地铁 1 或 2 号线西面站下车

西面的主要街道中央路两旁有售卖流行服饰的人气店铺，巷弄间也有很多美食摊，所有的化妆品牌几乎都藏在地下街里，光是逛西面站的地下街就足够花掉半天的时间。从 7 号出口出来，这里有釜山规模最大的乐天百货，游客最爱的免税店位于 8 层，地下 1 层则是超市。

新世界 Centum City

釜山市海云台区佑洞 1495 号
(051)1588-1234
10:30-20:00（周末及法定假日营业至 21:00）
www.shinsegae.com

位于海云台区的新世界百货，面积达 24 万平方米，不但有 622 个国际知名品牌进驻这里的名品馆，还有电影院、溜冰场、Spa Land、艺廊、高尔夫球练习场等。2009 年被吉尼斯世界纪录认证为“全世界规模最大的百货公司”。

庆州

庆州在公元前 1 世纪到 935 年的千年之间，以作为新罗王国的首都而繁盛一时。尽管后来新罗灭亡，但四处留存的遗迹则让它赢得“无围墙的博物馆”的美名。

在庆州旅游时，游客印象最深刻的应该是佛教艺术之美。这是因为新罗在前期受到中国南北朝文化的影响，后期则吸收唐朝佛教与儒学的精髓，因而能发展出自己独特的文化。

佛教在高句丽小兽林王 372 年从中国传过来，并随着新罗法兴王时代的异次顿殉教（公元 527 年）而成为国教。当时的新罗人以两种不同的观念接受佛教：贵族阶层拜佛是为了保护自己的统治地位和荣华富贵，死后也要到天堂享福；而平民百姓是为了摆脱艰难的生活，死后才能到天国。无论何者，当时的佛教对加强国民团结，为后来的统一具有很大的促进作用。

庆州交通

如何到达

首尔出发

从首尔高速巴士总站或东首尔巴士总站，搭乘往庆州的直达高速巴士，每日 6:05 23:55 每 30~40 分钟 1 班车，车程 4.5 小时，车票 19 500~31 900 韩元。

从首尔站搭乘 KTX 高铁至新庆州站，每日班次相当密集，车程约 2 小时，车票 43 800~61 300 韩元；亦可从首尔站搭乘新村号列车直接抵达庆州站，每日 5:55-17:40 每 2~3 小时 1 班，车程 4.5 小时，车票 37 700 韩元。

釜山出发

从金海国际机场可以搭乘长途巴士直达庆州高速巴士总站，每日 7:35-21:35 每小时 1 班车，车程约 1 小时 10 分钟，车票 9 000 韩元。

从釜山综合巴士总站可搭乘高速巴士到庆州高速巴士总站，每日 8:30-23:30 每 30 分钟 1 班车，车程约 1 小时，车票 4 000 韩元。

从釜田车站可以搭乘往庆州方向的东南海部线列车。新村号列车每日 6:00-17:30 约 2 小时 1 班车，车程约 1 小时 40 分钟，车票 10 000 韩元；无穷花号列车每日 6:20-22:15 每 2~3 小时 1 班车（要注意下午班次极少，12:10 之后的班次为 18:10），车程约 2 小时，车票 6 800 韩元。

市区交通

市区公交车

庆州市内的大众交通工具以公交车为主，单程车票 1 200 韩元起，

T Money 卡适用。

循环巴士 10 号行经庆州市外巴士总站（市外总站与高速总站相邻）、庆州车站、普门观光团地、国立庆州博物馆还有佛国寺等站，几乎把所有重要景点绕了一圈。相反方向为 11 号巴士。

自行车

庆州市内的观光景点几乎步行就可到达，不过更多的旅客喜欢骑自行车将庆州市区的景点参观一遍。在庆州站、巴士总站前、古坟公园前都提供自行车的租借服务。费用约 1 小时 3 000 韩元，1 日 7 000~10 000 韩元。

旅游咨询

庆州在火车站、长途巴士总站外侧都有旅游服务中心，提供英、日语等咨询服务，也有免费市内地图以及各景点的信息。

www.ktd.co.kr

庆州车站：正门前方

(054)772-3843

庆州巴士总站：高速巴士总站与市外巴士总站之间

(054)772-9289

佛国寺：停车场前方

(054)746-4747

普门观光团地：Commodore 饭店前方

(054)745-0753

精华景点

瞻星台

庆尚北道庆州市仁王洞 839-1 号

从庆州站步行约 10 分钟可达；或从庆州高速巴士总站搭乘 70 号巴士，在大陵苑前站下车，车程约 10 分钟；从大陵苑步行约 3 分钟

(054) 772-3632

3—10 月 9:00-19:00，11 月至次年 2 月 9:00-18:00

500 韩元

建于 7 世纪前半叶的瞻星台，为新罗第 27 代王善德女王所建。它是用 365 块花岗岩堆砌而成，基坛由 12 块大石构成，从基坛到窗户有 12 层，窗户到最上端也有 12 层，这是用来表示一年有 12 个月，上面四角形则象征一年四季。它的原理是利用太阳光照射塔身形成不同的影子，因而可计算四个季节。

雁鸭池

- 庆尚北道庆州市仁王洞 26-1 号
- 从庆州站步行约 20 分钟可达；或搭乘 10、11、601~609 号巴士，在国立庆州博物馆站下车，步行 2~3 分钟可达
- (054) 772-4041
- 9:00-22:00
- 全票 1 000 韩元、半票 400~500 韩元

雁鸭池为 674 年新罗文武王模仿新罗的地形图，以当时主要接待外国使节的临海殿为中心所建造的离宫。整个池塘东西长 200 米、南北宽 189 米，占地达 5 000 多平方米，不难看出当时的太平盛世。新罗灭亡后，此区跟着荒废，杂草丛生，雁与鸭在此栖息，高丽时代一位诗人到此游玩，看到此景象后题诗作赋，并将这里取名为雁鸭池。

1981 年庆州政府花费 4 年的时间，整修好 1 200 米的长堤，将普门湖的水引进来，并建础石和三座亭子。而在修复中，则挖掘出近 33 000 件遗物，这些遗物目前于国立庆州博物馆的第二别馆中展示。游客可沿着池塘边散步，遥想当年歌舞升平的热闹景象。

大陵苑

必游之地 MUST-VISIT PLACES

庆尚北道庆州市皇南洞 89-2 号

从庆州站步行约 10 分钟可达；或从庆州高速巴士总站搭乘 70 号巴士，在大陵苑前站下车，车程约 10 分钟

(054) 772-6317

8:00-22:00

全票 1 500 韩元，半票 600~700 韩元

guide.gyeongju.go.kr

拥有千年历史的庆州，最引人注目的即是到处可见的古坟群。根据统计在庆州市内的古坟数总计达 676 个，这之中又以位于大陵苑的古坟最为密集，在 40 万平方米的地面内计有 23 个古坟，因此又名古坟公园。1973 年庆州政府开始整修，并在 1976 年规划成为公园开放给民众参观。整个公园规划得非常完善并有散步道，周围则群树围绕，秋天为赏红叶的好去处。

不过这些古坟中除了一座新罗第 13 代味邹王（262—

284年）的古坟外，其他被葬者的身份皆无法考证。外观气势雄伟的这些古坟，除了天马冢可入内参观外，其他包括在公园内规模最大的皇南大冢只能在外欣赏。皇南大冢高23米，底边直径达83米，是由两个坟墓构成。

位于公园最内侧的天马冢，在1973年被发掘，因为出土的遗物中有件以白桦树皮制的马鞍上绘有天马的图案，故而取名为天马冢。内部以立体解剖图的形式重现新罗古坟——积石木墩坟的构造。据说当时为了防止盗墓者，所以最内层为木棺，一旁为陪葬物，外面则用木墩砌成，然后再以石头堆成厚墙，最外层则盖上土层。在此坟出土的遗物有15 000多件，包括新罗王的金冠等珍贵文物。目前馆内展示的为复制品，真品则收藏于国立庆州博物馆。

国立庆州博物馆

- 庆尚北道庆州市仁王洞 76 号
- 从庆州站步行约 20 分钟可达；或搭乘 10、11、601~609 号巴士，在国立庆州博物馆站下车
- (054) 740-7518
- 平日 9:00-18:00，3—12 月周六 9:00-21:00，周日、假日 9:00-19:00（周一休息）
- gyeongju.museum.go.kr

展出庆州地区遗迹、古坟文物的大型博物馆，馆藏文物约 50 000 件、陈列 6 000 多件，内容以新罗王朝的艺术品和佛教美术品为中心。占地 7 万平方米，可分为本馆、两个别馆及户外的展示区。

仿照新罗时代建筑样式的本馆共有 8 个展览厅。第一部分是先史时代馆，第二、三是古新罗土器，第四、五是古新罗工艺遗产，第六展出统一新罗遗物，第七是金属工艺，第八是佛像室。其中最不可错过的是古新罗工艺遗产，展出从天马冢出土的新罗王王冠、耳饰等金饰品。

而从新罗最大的寺院皇龙寺所发掘的遗物，包括从塔址出土的舍利具、土器和骨壶等，也是文史上重要的考据遗物。菊隐纪念室则是一处私人收藏室，是号菊隐的李养睿博士以自已独特的眼光，花 30 年以上的时间收集的作品，并在 1987 年捐给博物馆。其中伽耶时代的骑马人物像为艺术品中的上乘之选，已被列为国宝。

第一别馆的古坟馆陈列了天马冢和皇南大冢的遗物，透过这些金光闪耀的金属制品，可知当时新罗全盛时期的繁华景象。第二别馆则展示从雁鸭池挖掘出土的 30 000 多件遗物，多半为宫廷宴客用的器物。

户外展示区则是以圣德大王钟为首，及从庆州区域内寺院所出土的石佛和石塔等约 200 件的佛教遗物。八菱形的圣德大王钟于 771 年制造，重 23 吨、高 3. 36 米，敲一次可震动 3 分钟之久，可以说是世界上保存完好且最古老的钟。

鸡林

庆尚北道庆州市校洞 1 号

从庆州站步行约 20 分钟可达；或从庆州高速巴士总站搭乘 70 号巴士，在大陵苑前站下车，步行经过瞻星台继续往半月城方向走，步行约 10 分钟可达

(054) 779-6396

位于瞻星台与半月城之间的鸡林，因相传为新罗的王族——金氏始祖金阏智的诞生地，而充满着神奇的色彩。据说在新罗第四代脱解王时代，突然有一天夜晚脱解王听到在树林中传来鸡的鸣叫声，结果在大树下发现一个金柜，里面有个男孩，脱解王于是给这个男孩取名为金阏智，相传这是金氏祖谱的起源。不论这故事可信度如何，如今此片苍郁的森林看不到任何鸡群，只有成排绿荫扶疏的柳树和榉木。在森林的内部还有第 17 代奈勿王的古坟。

良洞村

- 庆尚北道庆州市江东面良洞里
- 从市外巴士总站外侧的公车站搭 203 号巴士可直达良洞村前，班次不多，可向旅游服务中心询问时间表，车程约 40 分钟。亦可搭 200~208、212、217 号巴士至村外，然后步行约 15 分钟可达
- (054)762-4541
- yangdong.invil.org

位于市区北郊的良洞村，是 15、16 世纪朝鲜贵族聚居的村落，能观摩到朝鲜中、后期丰富多样的传统房舍结构。目前村中保留完善的砖瓦房和茅草屋 360 余座，还有 150 户人家在此生活着。2010 年与安东的河回村一起被列入《世界遗产名录》中。

佛国寺

庆尚北道庆州市进岘洞 15 号

搭乘 10、11 号巴士在佛国寺站下车，车程 30~40 分钟

(054) 746-9912~3

3—10 月 7:00-18:00，11 月至次年 2 月 7:00-17:00

全票 4 000 韩元、半票 2 000~3 000 韩元

www.bulguksa.or.kr

MUST-VISIT 必游之地 PLACES

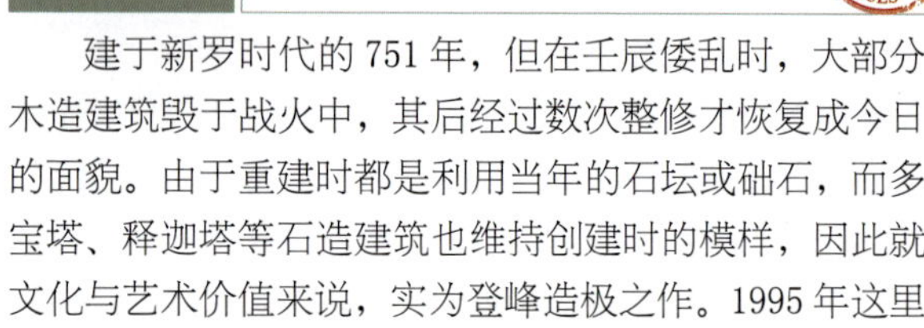

建于新罗时代的 751 年，但在壬辰倭乱时，大部分木造建筑毁于战火中，其后经过数次整修才恢复成今日的面貌。由于重建时都是利用当年的石坛或础石，而多宝塔、释迦塔等石造建筑也维持创建时的模样，因此就文化与艺术价值来说，实为登峰造极之作。1995 年这里列入《世界遗产名录》。

紫霞门为主殿大雄殿的中门，之前有青云桥和白云桥，意味着从俗世到净土的通路。瞻养门为极乐殿的中门，也有石桥象征着进入极乐净土的世界。不过现在皆列入《世界遗产名录》，游客必须从寺院的右边绕道而行。但是在欣赏这些已有千年历史的花岗岩梁石、基柱时，赞叹声总是不绝于耳。

今日所见的大雄殿是 1659 年重建的，完全不使用任何钉子，内部供奉释迦牟尼佛，两旁则是弥勒菩萨和羯罗菩萨像。在大雄殿右前方的多宝塔又称为七宝塔，是一个造型复杂的花岗石塔，正方形的基坛用来表示佛教基本教理——四圣谛，塔身的上部为八角形，用以表示八正道。

大雄殿左边的释迦塔又名三层石塔，造型简洁，为新罗时代的典型塔身样式，1966 年进行修补时，在第三层塔身发现了世界上最古老的木板印刷物等。

石窟庵

- 庆尚北道庆州市进岘洞 891 号
- 搭乘 10、11 号巴士在佛国寺站下车，然后在观光咨询处前的停车场转搭往石窟庵的观光巴士，8:40–16:20 每小时 1 班车
- (054) 746-9933
- 2 月至 3 月上旬、10 月 7:00–17:30，3 月中旬至 9 月 6:30–18:00，11 月至次年 1 月 7:00–17:00
- 全票 4 000 韩元、半票 2 000~3 000 韩元
- www.sukgulam.org

星级推荐

位于佛国寺东边吐含山上的石窟庵，和佛国寺遥遥相对。两寺据文献记载都是由金大城所兴建，但风格各不相同，原有用来表示今世和前世的含义。1995 年被列入《世界遗产名录》。

整个石窟庵和佛像都是从花岗岩石壁挖凿出来的，前室雕有八部众像，通路的左右壁雕有四大天王像，主室的周围有十大弟子像，本尊的后方则有十一面观音像。主室安奉的本尊释迦如来坐像高 3.26 米，整体面部表情祥和而优美，姿态、衣着皆带有律动感，堪称新罗文化艺术的最高代表作。

住在庆州

庆州康科德酒店
Hotel Concorde in Gyeongju

庆尚北道庆州市新平洞 410 号
(054)745-7000
双人房 140 000 韩元起
www.concorde.co.kr

坐落在普门湖畔，共有 307 间客房与套房。附属的湖畔庄餐厅白天可赏湖景，晚上用餐时则有韩国传统舞蹈表演。

游牧智人韩屋民宿
Homo Nomad Guest House

庆尚北道庆州市沙正洞 166 号
(010)8413-0803
单人房 25 000 韩元，双人房 45 000 韩元起
www.homo-nomad.com

韩屋改建成的民宿，规模不大，室内舒适，主人英语颇流利，沟通起来比较方便。位于庆州市中心区，虽然离车站稍远，离市区公车站也有些距离，但是从此地前往大陵苑、瞻星台等景点却很方便，步行约 10 分钟可达。

舍廊房韩屋民宿
Sa Rang Chae Guest House

庆尚北道庆州市皇南洞 238-1 号
(054)773-4868
单人房 25 000 韩元起，双人房 30 000 韩元起
www.kjstay.com

传统韩屋经营的民宿，规模不大，有宽阔的中庭。位于市中心区，就在大陵院旁。主人夫妇会英文，而且订房时即使客满也会给游客前往庆州的建议与注意事项，相当贴心。

吃在庆州

皇南面包

庆尚北道庆州市皇吾洞 307 号
(054) 749-7000
8:00-23:00
www.hwangnam.co.kr

说到庆州最有名的土特产，当地人一定会跷起拇指推荐皇南面包。虽然称为面包，但严格说起来应该是红豆馅的饼。已有超过 60 年历史的这家店，完全以手工制造，且不添加任何人工调味料和防腐剂。面包外观圆形小巧，外皮微软，中间有一菊形的凹陷，软皮和红豆馅巧妙搭配，被指定为“庆州市乡土指定饮食”。在国立庆州博物馆旁也有分店。

巨龟庄

庆尚北道庆州市新平洞 220 号
(054) 745-7551
8:00-21:00

位于普门观光团地，为当地一家老字号餐厅，占地达 10 000 平方米，拥有宽敞的座席。推荐海鲜锅、石锅拌饭、铁板烧等，价廉味美。

安东

位于庆尚北道的安东，是个很小的城市，面积只有 1517 平方千米。坦白说交通不太方便，但它地灵人杰，孕育了不少大学者，也吸引许多有节操的鸿儒在此传道授业，继续培养人才。

小城安东有“韩国文化遗产宝库”的美名，这里有 4 件韩国国宝，分别是：韩国唯一的国宝级假面——河回假面、韩国最古老的木建筑——凤停寺极乐殿、韩国最古老的佛教砖塔——新世洞 7 层砖塔、朝鲜半岛史书——《惩毖录》。

至今，安东仍深受儒教文化的影响，到处留存着文化的遗迹。走进安东河民俗村与陶山书院，仿佛进入时光隧道，也更能静下心来欣赏这里缓慢的生活步调。

安东交通

如何到达

首尔出发

从中心城巴士总站搭往安东的市外巴士，6:10-20:40 每日 12 班车，或从东首尔巴士总站搭乘往安东的市外巴士，6:00-23:00 每日 40 班车，直达车车程皆约 3 小时。

从首尔清凉里车站搭往安东的无穷花号或新村号列车，6:40-21:13 每日 8 班车，车程约 3.5 小时，车票 14 900~22 200 韩元。

釜山出发

从釜山综合巴士总站可搭乘市外巴士到安东市外巴士总站，7:00-19:30 每日 16 班车，车程约 2 小时 40 分钟。

从釜田站搭无穷花号列车往安东，每天 3 班车，车程约 4 个小时。

庆州出发

从庆州站可搭无穷花号列车到安东站下，每天 2~3 班车，车程约 2 小时，车票 7 900 韩元。

从庆州市外巴士总站搭市外巴士到安东市外巴士总站，直达车每天只有 4 班车，车程约 2 小时，车票 12 000 韩元。非直达车车程 3 小时。

市区交通

市区公交车

安东市内的大众交通工具以公交车为主，单程车票 1 200 韩元起，T Money 卡在这里不适用。

旅游咨询

安东旅游局在火车站左前方和河回村的入口前都设有旅游咨询处，可提供咨询、当地旅游资料及当地大众交通时刻表。

jp.tourandong.com

安东车站：正门前方

☎ (054)856-3013

河回村：入口售票处左侧

☎ (054)852-3588

精华景点

安东河回民俗村

必游之地 MUST-VISIT PLACES

- 庆尚北道安东市丰川面河回里
- 从安东站或市外巴士总站搭46号巴士在河回村站下，每日10班，车程30~40分钟，车票2 200韩元。公车站牌有时间表，事先需确认返程时间。在终点站再转搭免费接驳车入村
- (054) 854-3669
- 9:00-19:00，冬季9:00-18:00（周一休息）
- 全票3 000韩元、半票1 000~1 500韩元
- www.hahoe.or.kr

洛东江成S形蜿蜒流过河回村，从空中鸟瞰像极了太极的形状，古时也认为这里是大吉之地。自高丽时代末期，当了工曹典书这个官位的柳从惠到此开基以来，人才辈出，包括16世纪大儒学者柳云龙、平定壬辰倭乱有功的柳成龙等，使得这里成为当时岭南地区相当具有代表性的文武官员居住地，也顺理成章成为贵族文化与庶民文化融合的区域。

河回村完整保留了早期的建筑形式，包括养真堂、忠孝堂、河东古宅、念形堂等，一砖一瓦、一草一木，都让人仿佛穿越时空，回到数百年前的朝鲜。2010年被列入《世界遗产名录》。

入村后，若顺着河畔步行前往渡口搭乘小船，可至对岸的芙蓉台爬到最高点，俯瞰河回村犹如莲花浮水地形的全貌。往返船费每人3 000韩元。

安东河回面具博物馆

- 庆尚北道安东市丰川面河回里 287 号
- 同安东河回民俗村
- (054)853-2288
- 9:30-18:00
- 全票 2 000 韩元、半票 1 500 韩元
- www.tal.or.kr

河回面具舞原是为祈求农作物丰收与驱除瘟疫而发展出来的，后来变成庶民对贵族阶级不满的发泄方式。甚至到 20 年前，韩国的大学生在反政府示威的时候，还有的用面具舞来表现他们对当权者的批判与讽刺。

河回面具舞的角色可分为狮子、女子、贵族、学者、僧人、文盲、老婆、美人、下人等，传统河回面具的材质是以木头制成，其中贵族、学者、僧人、文盲面具的下颚部分是与脸部分开的，如此更能强调喜怒哀乐。

河回村口的面具博物馆，共收藏有韩国面具 19 种、200 多个，各国面具 100 多个，从中能体会各国文化差异。此外，每年的 9 月下旬，在河回村都会举办安东国际面具舞蹈节，每次都能吸引为数不少的游客前来参观。

安东民俗博物馆暨安东民俗村

- 庆尚北道安东市城谷洞 784-1 号
- 从安东站前搭 3、3-1 或 3-2 号巴士，在安东水库映月桥站下，车程 10~15 分钟，再步行过映月桥后左转，步行 10~15 分钟可达
- (054)840-0649
- 9:00-18:00（售票 9:00-17:00）
- 全票 1 000 韩元、半票 300 韩元
- www.adfm.or.kr

博物馆占地辽阔，分成室内与户外展示区。室内收藏 7 000 多件文物，都是从安东地区收集到的与儒教文化有关的题材，包括生活、婚丧喜庆等用品。当安东要建大坝时，左近建筑必须搬迁，基于多种因素的考虑，于是把当时一些传统草房、韩屋等迁移到此处，构成博物馆的户外展场，也就是安东民俗村。讲述高丽开国故事的韩剧《太祖王建》曾在村中取景。

陶山书院

星级推荐

- 庆尚北道安东市陶山面土溪里 680 号
- 从安东站前搭 67 号巴士，在陶山书院站下，每日 4~5 班，车程约 50 分钟
- (054)856-1073
- 9:00-18:00，冬季 9:00-17:00
- 全票 1 500 韩元、半票 600~700 韩元
- www.dosanseowon.com

坐落于洛东江畔的陶山书院，可以说是朝鲜儒学的发源地。生于 1501 年的李滉，即现在韩元千元纸钞上的人像，是当年名满全国的大儒，1560 年到此建立了陶山书堂作为私人教学的地方，为朝廷培育出不少人才。他死后四年，学生们为了纪念他，提议扩建为陶山书院，才逐渐形成目前所见到的规模。

漫步书院里，简单典雅的建筑，洋溢着浓浓的儒学气息。在书院入口附近，有一处观景台，视野辽阔，非常适合坐着看风景、沉思，因此名为“天光云影台”。对岸正好有一隆起的土丘，上面还有一座优雅的亭子。1792 年朝鲜正祖亲临此地，举办特别会考，吸引了 7 228 名考生，正祖亲自选拔出 11 人，此为当年的一桩盛事。这个土丘因此名为“试士坛”，供后人瞻仰。

距离入口较近的陶山书堂，是李滉亲手设计、建筑的，朴实中透着美感，教室、卧房、起居室各居一方。光明室是这里的藏书阁，分左右两幢，右侧的一幢专门收藏国王御赐的书籍，不过目前都已转移到韩国国学振兴院里保存了，匾额则是李滉亲笔题字。

全州

全州市是全罗北道政府的所在地，据传是朝鲜王朝的起源，现仍可从市中心的客舍、朝鲜时期遗留下来的丰南门和庆基殿等历史遗迹略见往日风华。

全罗北道一直是韩国的鱼米之乡，肥沃的平原孕育了农作物。韩国料理中与平壤冷面、开成汤饭并列朝鲜三大美食的拌饭，故乡就是全州。

全州拌饭之所以出名，是因它曾为朝鲜时代的进贡菜肴，连皇帝尝过都说好，当然名扬全国。而集韩国饮食精华的韩式套餐，也源自全州。韩式套餐一次二三十道菜端上桌，没有主菜，每一道料理都是主角，过去是皇室或权贵才有机会与资格享用的豪华料理。

此外，全州的韩纸工艺同样举国闻名，常见的韩国太极扇就是全州特产。

全州交通

如何到达

首尔出发

仁川机场有巴士直达全州，6:30-22:30每30~60分钟1班车，车程约4小时，车票29 000韩元。

从首尔中心城客运总站搭高速巴士至全州高速巴士总站，每日6:10-20:30每10~15分钟1班车，车程2小时45分钟，车票11 100~17 900韩元。

从龙山站搭乘新村号列车到全州，车程约3小时；无穷花号列车约3小时25分钟；亦可搭KTX高铁至益山站下，再转新村号或无穷花号列车抵达全州站，全程约2小时。车票14 300~29 100韩元。

釜山出发

从釜山综合巴士总站搭高速巴士至全州高速巴士总站，7:00-22:20间每日12班，车程3.5小时。

市区交通

市区公交车

无论是高速、市外巴士总站还是火车站，都和市区有段距离，需要搭乘市区巴士或者出租车才能到达。全州市内的大众交通工具以公交车为主，单程车票1 150韩元起，T Money卡适用。连镇安的公交车也可使用T Money卡。

旅游咨询

全州在高速巴士总站外、火车站内、全州韩屋村等地都有旅游服务中心，提供英、日语等咨询服务，也有免费市内地图以及各景点的数据信息。

www.jeonju.go.kr

高速巴士总站

距离市外巴士总站略远

(063) 281-2739

全州车站

车站内部

(063)281-2040

庆基殿

正门前方东侧

(063)281-2891

全州韩屋村

韩屋村最大马路的东端

(063)282-1330

精华景点

全州韩屋村

全罗北道全州市完山区校洞、丰南洞一带

从全州市外巴士总站搭 70-5、72、73、76、77-2、78-1、79、79-1、81、88、91、103、126-1、128、133、684 号巴士往南部市场方向，至韩屋村入口处的殿洞圣堂站下，从这里开始步行。从全州车站可搭 111、163 号巴士，车程约 25 分钟

(063) 287-6300

9:00-18:00，依店家而异

hanok.jeonju.go.kr

全州韩屋村是韩国唯一一座城市之中保存完好的韩屋村落，整个地区保存了超过 700 幢古老韩屋，政府严格规定不得任意更改建筑样式，同时也拨款协助老房子的翻修整建，若想经营商店，其经营项目也必须和传统文化相关。

村里散落着庆基殿、殿洞圣堂、全州乡校、梧木台等遗迹，还有手工艺博物馆、生活体验馆、酒博物馆和多家茶艺馆，不仅保存了传统建筑，也使得木、陶、纸、酿酒等手工技艺得以延续。

庆基殿

全罗北道全州市完山区丰南洞 3 街 102 号
同全州韩屋村
(063) 281-2790
3—10 月 9:00-18:00，11 月至次年 2 月 9:00-17:00

游览韩屋村可以庆基殿为起点。庆基殿原本为供奉朝鲜王朝太祖李成桂的牌位，后来供奉李氏王朝，因《明成皇后》等多部电视剧在此取景而成了著名旅游景点。

未进庆基殿，先见到门前的拴马石碑，碑上刻着“至此皆下杂人勿得入”，彰显出皇室的威严。依照传统韩国人进殿规矩，中央大门只有神和皇帝能走，一般人从右门进、左门出。大门前可见一座小红门，门框中央有长矛状突起，据说可辟邪驱魔。

主殿内收藏有李成桂的画像，以及为画像所造的神辇。主殿旁的空地有多个葫芦形石雕，那是从前的韩国皇室为求子孙满堂，而习惯将皇帝的脐带以瓷器封好放进石座中，被称为胎室碑，此处所存放的是睿宗大王的脐带。外围的庭院绿树成荫，其中有许多堂山树，许愿很灵，所以成了附近居民祈愿和休闲的好去处。

全州乡校

- 全罗北道全州市完山区校洞 1 街 26 号
- 同全州韩屋村。下车后步行 10~15 分钟可达
- (063)288-4548
- 3—10 月 9:00-18:00，11 月至次年 2 月 9:00-17:00
- tourist.jeonju.go.kr

所谓乡校，就是朝鲜时代学生们读书的国立地方教育机构。全州乡校里共有 16 幢建筑物，包括供奉着孔子、7 位中国儒家学者与 18 位韩国鸿儒牌位的大成殿。热门韩剧《成均馆绯闻》里学生们上课的场景，就是在这里拍摄的。

梧木台和梨木台

全罗北道全州市完山区校洞1街1-3号
同全州韩屋村。下车后步行8~10分钟可达梧木台；梨木台须再步行5~10分钟
(063)281-2114

从旅游服务中心对面的山坡阶梯拾级而上，就可以来到梧木台，这是朝鲜太祖李成桂在击退日本军返回都城的途中，举行庆功宴的地方。从山坡上居高临下，可以眺望韩屋村黑瓦层层叠叠的特殊景象。从梧木台过一座陆桥，可以抵达梨木台，这里有高宗亲笔题书的石碑。

丰南门

全罗北道全州市完山区殿洞 83-14 号

同全州韩屋村

1978 年修复的丰南门是过去全州四座城门中仅存的一座。由于全罗南北道和济州岛早年被称为湖南地区，全州在过去有“湖南第一城”之称，现在也只能靠着丰南门上的“湖南第一城”字样缅怀过去重镇的风光。

丰南门的构造为朝鲜中后期的门楼样式，双层木制城楼前为半月形的石造城垣，十分厚重醒目，可以想象当时固若金汤的城墙防御能力。

客舍

全罗北道全州市完山区中央洞 3 街 1-1 号
搭 乘 2-1、2-2、354、355、381、383、385 号巴士，在客舍站下，步行 1~2 分钟可达
(063) 281-2787

古时用来举办各种王朝仪式的地点，既是官员觐见皇上的地方，也是提供官员住宿、传达圣旨的处所。为了体现王朝的权威，建筑也就盖得相当宏伟大气。客舍就位于全州最热闹的购物区前，大门上挂着“丰沛之馆”的匾额。每月初一、十五，这里还会举行遥祭皇帝的仪式。

全州韩纸博物馆

- 全罗北道全州市德津区八福洞 2 街 180 号
- 从全州市外巴士总站搭 211、215、、221、225、231、235 号巴士，在全州韩纸博物馆站下，车程约 20 分钟
- (063) 210-8103
- 9:00-17:00（周一休息）
- www.hanjimuseum.co.kr

全州韩纸早在高丽时期就相当出名，以树皮制作纸张是其特色，结构扎实却柔软、吸水性强，除了书写，还被制成各种精致的工艺品。

位于全州的韩纸博物馆共有两层展示区，以实景实物来介绍旧时代的造纸过程，别以为只是模型，去除纸张水分的池子仍然可以现场示范制纸，并展示从 10 世纪至 19 世纪的造纸用纸历史，以及各朝代的纸制品、纸藤编物、纸盒、纸衣服等各项纸工艺品。甚至还有大型的纸装置艺术，呈现了韩纸的多样面貌。

为了让旅客体验制纸，还设有体验区，可以让旅客亲手用竹框摇出纸浆，并以机器瞬间烘干纸张，供游客带回去留作纪念。

镇安

- 全罗北道镇安郡
- 从全州市外巴士总站搭往镇安的市外巴士，每30分钟1班车，车程50~60分钟，车票4 200韩元
- www.jinan.go.kr/chinese

镇安是紧邻全州市东侧的一个郡，以拥有地形独特的马耳山而闻名。在韩剧《阁楼上的王子》里提到镇安是全韩国樱花最晚盛开的地方，尤其从马耳山南部入口处开始走向塔寺的这段路，两旁都是参天的樱花树，花开时节非常壮观。韩剧《真心给我一滴泪》里面也有主角们小时候在樱花隧道下散步、摆塔罗牌摊位的画面。要看马耳山双峰对立的全景，只能在镇安，当车从全州进入镇安地区时，就有机会看到。

马耳山道立公园

全罗北道镇安郡镇安邑马耳山路 255 号
从全州市外巴士总站搭巴士抵达镇安市外巴士总站，然后转乘前往南部马耳山的巴士，车程 10~15 分钟
(063)433-3313
9:00–18:00
全票 2 000 韩元、半票 1 000~1 500 韩元

距离镇安西南方约 3 千米，两座主峰宽广展开就像两只马的耳朵。东边的雄马耳峰高 667 米、西侧的雌马耳峰海拔 673 米。

马耳山道立公园里最有名的除了樱花隧道，就非塔寺莫属。塔寺其实不是指寺庙，而是 80 多座以石块堆起来的石塔，据说是一位名为李甲龙的道士花了 30 年的时间一块块堆起来。这些石塔经过 100 多年的风吹雨打，至今不曾倒塌，令人称奇。

内藏山

- 全罗北道井邑市内藏洞
- 从全州市外巴士总站搭乘往井邑方向的市外巴士，在井邑站下，然后转搭 171、171-1 号巴士往内藏山，在内藏巴士总站下车
- (063) 538-7874
- 24 小时
- 白羊寺文化遗产管理费 2 500 韩元
- naejang.knps.or.kr

“北雪岳、南内藏”，这两座国家公园是韩国的赏枫胜地，其中又以内藏山从入口一直到内藏寺这条秋季枫叶转红宛如火烧的丹枫走廊让旅客们驻足赞叹。内藏山国家公园可分为两大地区：靠近全州和井邑市的是内藏寺地区，以白岩山区为主的是白羊寺地区。内藏山也与韩国南部的智异山、月出山、天冠山、内边山并列为五大名山。

茂朱度假村

全罗北道茂朱郡雪川面深谷里山 43-15 号

从全州市外巴士总站搭乘往茂朱的巴士，在茂朱市外巴士总站下车，每 20~40 分钟 1 班车，车程约 2 小时，车票 8 400 韩元。出总站往右走约 200 米，茂朱超市前有度假村的免费接驳巴士，5:00-21:30 每日 6 班车

(063) 322-9000

缆车费全天 39 000 韩元、半天 29 000 韩元；滑雪全天 18 000 韩元、半天 13 000 韩元，滑雪板全天 33 000 韩元、半天 28 000 韩元；有 3 家不同等级的饭店，双人房 80 000 韩元起

www.mdysresort.com

要说起韩国滑雪度假村，茂朱度假村的顶级设备绝对是个中翘楚。以德裕山国立公园为背景的茂朱度假村，以奥地利的建筑风格和广阔的占地面积吸引欧美游客。

度假村的房间是家庭式的度假屋，房间以木制的火炕地板和桌椅带出温馨感，室内则备有西式床铺、电视机和齐全的厨房设备。所以度假村内除了有便利商店外，在邻近滑雪场的嘉年华购物商场（Carnival Shopping Mall）更有商品齐全的超级市场。买几碗韩国的泡面，大家围聚在一起当夜宵吃，格外够味。

嘉年华购物商场还有服饰店、滑雪用品店、运动用品店、餐厅、舞厅及卡拉 OK 等。除此之外，度假村里的餐厅也让人津津乐道，提供韩式、西式、日式等多样化的美食。其他还有网球场、足球场、篮球场、美式足球场，以及包括有海盗船、迷你高尔夫、滑水板等趣味设施的儿童自然乐园（Kid's Natural Land）。而搭乘缆车登上 1 522 米处望远，享受户外温泉也是本度假村的特色之一。

像这般国际标准的滑雪度假村，更拥有包含了初级、中级、高级共计 32 条滑雪道。特别是拥有夜晚的照明设备，让喜欢夜晚奔驰的滑雪高手尽情享受风驰电掣的快感。

住在全州

全州观光酒店
Jeonju Tourist Hotel

全罗北道全州市完山区多佳洞3街28号
(063)280-7700
双人房60 000韩元起
www.jjhotel.co.kr

地理位置介于巴士总站和全州韩屋村之间，是历史悠久的酒店，但保护得当，相当干净舒适。最重要的是前往购物闹区和韩屋村都相当方便，以价格而言相当划算。

全州韩屋生活体验馆

全罗北道全州市完山区丰南洞3街33-4号
(063)287-6300
双人房70 000韩元起
www.jjhanok.com

重现朝鲜时代官宦之家的模样，家居摆设以土炕和古家具为主，展示传统生活环境。提供学习茶道、伽耶琴、饮食等多种文化体验。讲究美食的人建议参加拌饭学习，因为韩国的拌饭向来闻名，而全州的拌饭曾是朝鲜时代的进贡菜肴，理所当然地成了拌饭的故乡。

海滨公寓
Core Riviera Hotel

全罗北道全州市完山区丰南洞3街26-5号
(063)232-7000
双人房132 000韩元起
www.core-riviera.co.kr

位于全州韩屋村最东侧，是当地最具规模、豪华舒适的现代化饭店，有西式和韩式暖炕客房可供选择，也有桑拿和健身中心。

顺天惟心川观光饭店
Yusimcheon Sports Tourist Hotel

全罗南道顺天市佳谷洞1002-1号
(051)729-5800
双人房90 000韩元起

含8层楼的新馆与5层楼的旧馆，2007年完成的新馆里面包含了颇具规模的汗蒸幕、松木室、黄土室、结晶盐室、蒸汽室等，住宿的房客皆可免费使用。客房空间相当宽敞，设施新颖完善。

吃在全州

家族会馆

全罗北道全州市完山区中央洞3街80号

(063)284-0982

11:30-21:00

www.jeonjubibimbap.com

该店历史悠久，是全州拌饭最知名的餐厅之一。食材其实清淡简单，就是加入黄豆芽、蕈菇和各式野菜，用辣椒酱隔开菜与饭，饭上放一颗生鸡蛋，然后一并放在烧得滚烫的石锅或大碗里，用筷子将菜、饭、辣椒酱就着石锅的高温搅拌均匀，然后一口吃下。此外，还搭配10余道琳琅满目的小菜，令人胃口大开。

中央会馆

全罗北道全州市完山区中央洞1街86号

(063)285-4288

11:30-21:00

该店也是当地人一致推荐的全州拌饭专门店，已有超过50年的历史，和家族会馆只有几步路的距离。这里的特色是把蛋黄换成生牛肉，同样趁热搅拌在一起食用，也搭配10余种自制小菜。服务员会主动帮顾客把饭搅拌至合适的程度。

光州

全罗南道位于朝鲜半岛的最南端，东与庆尚南道接壤，西临黄海，南与济州岛隔海相望，北临全罗北道。全罗南道拥有漫长的海岸线，其总长度达6100千米。凭借得天独厚的地理优势，这里的海产品非常有名，特别是紫菜、牡蛎、虾、鲭等，都是著名的地方特产。

全罗南道是距离京畿核心最远的地方，在古代可以说是边疆地区。朝鲜时期曾经有不少高官被放逐到这里来，因为他们在都城养尊处优惯了，即使惨遭流放，对饮食的要求却并未降低，正好此地土壤肥沃、物产丰饶，因而造就了全罗南道的饮食文化，成为韩国的美食之乡。

光州是全罗南道的首府，泡菜闻名全国。以光州为出发点，前往松广寺、顺天、丽水等地都相当方便。

光州交通

如何到达

首尔出发

从首尔中心城客运站搭高速巴士至光州综合巴士总站，每日5:30-21:45每10~15分钟1班车，车程3小时55分钟，车票16 900~25 000韩元；或从东首尔巴士总站搭高速巴士至光州综合巴士总站，每日5:40-23:55每30分钟1班车，车程约4小时。

从首尔的龙山站搭KTX高铁，每天9班车开往光州车站，车程约3小时，车票36 900~51 700韩元；每天10班车开往光州松汀车站，车程约3小时，车票35 900~50 300韩元。

从首尔的龙山站搭新村号列车抵达光州站，车程约4小时，每天3班车，车票32 800韩元；搭无穷花号抵达光州站，车程约4.5小时，每天4班，车票22 000韩元。

从金浦机场有国内线航班往返光州，航程约1小时。光州机场与地铁相衔接，搭地铁到市中心15分钟可达。

釜山出发

从釜山综合巴士总站搭高速巴士至光州综合巴士总站，每日6:00至次日凌晨每20~30分钟1班车，车程约4小时。

全州出发

从全州高速巴士总站搭高速巴士至光州综合巴士总站，每30~40分钟1班车，车程1小时40分钟，车票6 300~9 300韩元。

市区交通

地铁

光州是韩国第五大城，市内目前只有 1 条地铁线，所以地铁交通还不是很方便。单程车票 1 200 韩元，T Money 卡适用。机场有地铁站，距机场不远的松汀里站与火车光州松汀站相连，但是从地铁农城站或花亭站走到光州综合巴士客运站（U Square）需步行 10~15 分钟；从地铁锦南路 5 街站到光州火车站约 1.5 千米，可搭 65、518、1187 号公交车前往。

www.gwangjusubway.co.kr

市区公交车

光州市内的大众交通工具以公交车为主，单程车票 1 200 韩元，T Money 卡适用。

旅游咨询

光州在机场、火车站和巴士总站皆设有旅游服务中心，提供地图和观光手册。

chn.gwangju.go.kr；www.namdokorea.com/ch

光州机场

(062) 942-6160

光州巴士总站

(062) 941-6301

光州车站

(062) 522-5147

精华景点

光州艺术街

全罗南道光州市东区弓洞

从光州车站可搭9、11、17、30或222号巴士，在地铁文化殿堂站下，步行约5分钟可达；从巴士总站可搭9、17、117或1000号巴士

MUST-VISIT 必游之地 PLACES

光州艺术街是一条长约300米的街道，两旁尽是画廊和艺术品店，在这里可发现以天然染料着色的改良式韩服专卖店、木雕店、皮雕店、陶制品店等，更多的是美术用品店、毛笔店，具有传统风味的韩纸、面具及纸扇也随处可见。喜爱古董的人不妨选在周六拜访艺术街，因为这里有全韩国唯一的古董跳蚤市场，而且周六时整条街会封闭为步行区，加上不定期举办的文艺活动，逛起来更有艺术气息。

潇洒园

- 全罗南道潭阳郡南面芝谷里 123 号
- 从光州机场或光州巴士总站搭乘 1000 号机场巴士，在庄原国小前站下，再转乘 187 号公交车至潇洒园前站下车，每小时 1 班，车程约 30 分钟；或在光州东新大学前搭乘 225 号公交车，经过光州湖在潇洒园前站下，40~50 分钟 1 班车，车程约 30 分钟
- (061) 380-3150-4
- 9:00-18:00
- 1 000 韩元
- www.soswaewon.co.kr

韩国园林与中国北方园林类似，以自然景致取胜，而且园区较广。以潇洒园为例，占地约 30 000 平方米，园内共有 80 多个亭台楼阁建筑，不幸的是大部分于壬辰倭乱时被烧毁，国内目前仅存 28 个亭台。

依据园林与建筑功能，每个园林景点都有特别的名称与意义。例如爱阳坛便是当年的主人梁山保时常与父母一起享受暖暖冬日的地方。接待客人的光风堂与主人休息的霁月堂相互辉映，从两者的吊门也可看出韩式建筑巧妙运用空间的特点。

曾有诗人作诗咏叹潇洒园 48 处迷人的景点，有兴趣进一步了解韩国文化的诗词与园林等背景资料，可顺道参观潇洒院西北方的诗词文学馆。

松广寺

- 全罗南道顺天市松广面新坪里 12 号
- 从光州综合巴士总站搭往松广寺的直达巴士，每日 9 班，车程约 1.5 小时
- (061) 755-0107
- 3—10 月 7:00-19:00，11 月至次年 2 月 7:00-18:00
- 全票 3 000 韩元、半票 2 500 韩元
- www.songgwangsa.org

MUST-VISIT 必游之地 PLACES

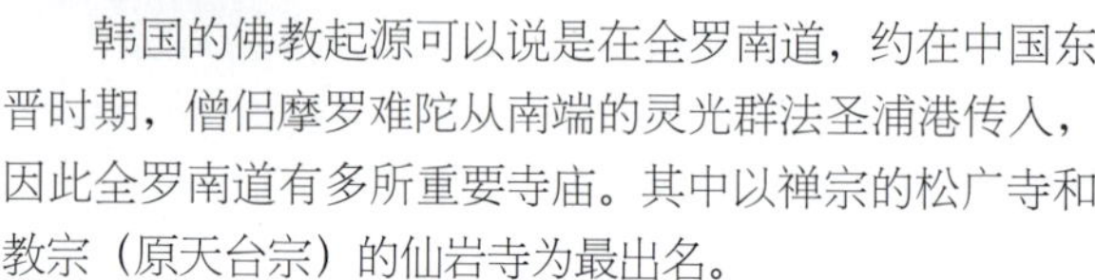

韩国的佛教起源可以说是在全罗南道，约在中国东晋时期，僧侣摩罗难陀从南端的灵光群法圣浦港传入，因此全罗南道有多所重要寺庙。其中以禅宗的松广寺和教宗（原天台宗）的仙岩寺为最出名。

松广寺可以说是佛学大师的养成所，附设佛学大学，因曾培养出 16 位国师而享誉盛名，其中包括使佛教平民化的重要人物普照国师。寺庙虽有 1 200 年历史，但战争时曾遭焚毁，战后又全部重建，重建的寺庙仍洋溢着隆重庄严的气氛。

松广寺属于讲究顿悟的禅宗，必须经过 1 年行者、4 年佛法学习后才能认师门进行参禅，参禅修行的方法是“话头禅”，由师父随时点化，以免走火入魔。僧侣们恪守律法，每日学佛参禅 12 小时以上，现在有多位俄罗斯、英国等外籍僧侣在此求法。在这里游客也能参加山寺体验，住一宿，与僧侣们一同用餐、学法、讲经。

乐安邑城民俗村

- 全罗南道顺天市乐安面东内里，西内里，南内里
- 从光州综合巴士总站可搭市外巴士直达顺天市外巴士总站，每20~30分钟1班车，车程约1.5小时；然后转搭63、68号公交车至乐安邑城站下，车程约50分钟；亦可搭火车至顺天火车站下，然后转搭相同巴士前往
- (061) 749-3347
- 5—10 月 8:30-18:30，2—4 月、11 月 9:00-18:00，12 月至次年 1 月 09:00-17:00
- 全票 2 000 韩元、半票 1 000~1 500 韩元
- www.nagan.or.kr

在全罗南道南端的顺天市，有一个乐安邑城，至今仍保留着朝鲜时期的聚落样貌。根据历史资料，早在14世纪末为了防范倭寇入侵，当地人就用泥土建造了城墙，1423年左右又改以石头加强防御功能，至此大致确立了乐安邑城目前的轮廓。

乐安邑城最独特之处在于它不是纯为游客设置的民俗村，而是仍有100多户居民在这里生活着的、如假包换的古迹。为了确保邑城的样貌，这里已经被列为国家重点保护的史迹，房舍不可以任意改建，以让子孙后代都能目睹古代的生活形态。

站在城墙上向下望，满眼都是稻草盖顶的古老房舍，穿梭街道间，仍坚守在房子里的多半是发鬓斑白的老人，从事着编织、耕种、造纸、打铁等传统行业。草屋之外，也保留着当时的衙门、贵宾接待馆、私塾等建筑，村落的结构相当完整。《大长今》《医道》等古装韩剧都曾经在此取景。

顺天湾自然生态保护区

MUST-VISIT 必游之地 PLACES

全罗南道顺天市大岱洞 162-2 号

从光州综合巴士总站可搭市外巴士直达顺天市外巴士总站，然后转 67 号公交车抵达顺天湾；亦可搭火车抵达顺天火车站，然后搭 67 号公交车经市外巴士总站到顺天湾，车程约 30 分钟

(061) 749-3007

9:00-22:00（售票 9:00-21:00）（周一休息）

全票 2 000 韩元、半票 500~1 000 韩元

www.suncheonbay.go.kr

顺天市号称“大韩民国生态之都”，尤其是被丽水半岛和高兴半岛所包围起来的顺天湾，因为无风无浪、平静如湖，加上特有的含盐湿地孕育了丰富的自然生态，成为候鸟冬季的最佳栖息地。

顺天湾的海岸线长达 39.8 千米，2004 年开辟了自然生态保护区，总面积约 27 平方千米。区域内长满了野生的芦苇，每年冬天会有鹬鸟、大雁、青铜鸭等 200 多种候鸟飞到这里过冬。其中还包括白头鹤、黄嘴白鹭、黑面琵鹭、黑顶海鸥等稀少的珍稀鸟类，可以说是全世界湿地当中珍稀候鸟种类最多的地方。尤其是目前全球仅存约 10 000 只的白头鹤（又称玄鹤、黑颈鹤），每年会有上千只到这里过冬，白头鹤已被选为顺天市的市鸟。

在这里可以搭乘游船，顺着 S 形的顺天湾寻找候鸟的踪迹。虽然夏天看不到白头鹤，但是仍能捕捉到苍鹭、白鹭、夜鹭等水鸟的身影。

吃在光州

江边鳗鱼

🏠 全罗南道顺天市大岱洞 594 号
☎ (061) 742-4233
🕘 9:00-22:00

在芦苇遍布的湿地里，很轻易就能观察泥蟹、弹土鱼活动的情况。顺天湾附近的餐厅每家都推出弹土鱼餐，因为弹土鱼活力充沛，一跳可达 3 米远，所以吃了特别滋养身体；又由于弹土鱼个头较小，久煮之后就整个融入汤水里，对人体的皮肤、骨头都有益处，所以和鳗鱼一样受韩国人偏爱。江边鳗鱼就是颇受当地人推崇的弹土鱼专卖餐厅。

济州岛

济州岛距离韩国本岛以南约 90 千米，是韩国面积最大的离岛。椭圆形的岛屿面积有 1 825 平方千米，驱车环岛一周 4 个小时左右。济州岛是由火山爆发形成的，海拔 1 950 米的汉拿山为全国最高峰。

岛上拥有丰富的火山岩，居民利用火山岩搭盖屋身，上面再盖上茅草，典型的济州屋舍就此完成。因地质环境因素，济州岛水质极佳，产出的矿泉水在韩国本岛很受欢迎。此外济州的橘子、新鲜海产等也都是令人食指大动的当地美食。

济州岛历史古老，早在高丽时代以前便形成特有的文化，历史随着神秘的传说代代相传，几乎每个景观的背后都有一段动人的故事。济州岛在 2007 年被韩国政府改为济州特别自治道，居民拥有高度的自治权。不依靠重工业或都市开发，济州岛以纯净自然的美景发展观光事业，有六成以上的经济来源于观光业。韩国人最爱到济州岛度蜜月，或者全家一起到度假村玩个痛快，观光产业让济州岛犹如韩国的夏威夷。而岛上著名的景点常成为韩剧的拍摄地，由此可见其景色的优美。

济州岛交通

如何到达——飞机

从北京、上海、天津、杭州等地可搭飞机直飞济州岛。

从首尔金浦机场飞往济州国际机场的航班相当频繁，大韩航空、韩亚航空、真航空等主要航空公司都有航班。

从釜山金海国际机场也可搭飞机到济州岛，航班相当多，飞行时间 55 分钟。

此外，从韩国的原州、清州、光州、大邱、群山、丽水等地也有国内航班往返济州岛。

jeju.airport.co.kr

机场至市区交通

机场巴士

济州国际机场位于岛的北部，靠近新济州与济州市。机场外有 1 线机场巴士，每日 6:00-22:00 发车，沿途经过新济州、济州市、中文、西归浦等地区。从济州国际机场约 40 分钟可达中文观光团地，60 分钟可达西归浦。

由于机场巴士以服务国际游客为主，站牌标识尚且清楚，速度比一般公交车快，而且车厢里有分别以韩、英、日、中文的报站服务，是最容易搭乘的大众交通工具。

如果是前往邻近的新济州或济州市，也可以选择较便宜的市区公交车。前往东部地区可以搭乘东部环岛巴士，从济州市发车绕行岛的东半部直到西归浦。

出租车

走出济州机场，便可以看到大量的出租车，起价为 2 200 韩元 2 千米。候车站分短程和长程出租车：前往济州市、西边的涯月或翰林地区、东边的朝天和金宁地区可在短程处候车；前往北济州、南济州、中文、西归浦等地在长程处等车。

在机场和济州市区招呼出租车相当方便，但是到了市外就非常困难了。想去远一点的地方，可以包半天或一天的出租车。半天5~8万韩元，整天10~15万韩元。可以透过旅馆或是游客服务中心预约。

租车

济州岛内的道路宽敞、路线单一，可以尝试租车旅行。公路上的路标因为几乎都是韩文，英文路标又难辨识，建议在租车的时候要求附加一台GPS。GPS虽然是韩文标识，但只要跟租车公司问清楚电话输入的方式，利用电话号码即可搜寻目的地。

许多租车公司在济州机场设有柜台，可直接在机场办理，或透过旅馆预约，国际连锁租车公司更可以利用网站在国外提前预约。租车费用小型车含保险一天约70 000韩元，中型车约90 000韩元。

济州租车

☎ (064)742-3307

www.jejurentcar.co.kr

锦湖租车

☎ (064)743-8107

www.kumhorent.com

AVIS

☎ (064)749-3773

www.avis.co.kr

韩国租车

☎ (064)748-5005

www.hankookrent.co.kr

大信租车

☎ (064)744-8123

chejudrive.com

城山租车

☎ (064)746-3230

如何到达——渡轮

从韩国的仁川、莞岛、木浦、釜山等港口，除周日外每天定时有渡轮往返北端的济州港，统营港也有渡轮抵达东端的城山港。售票处无中文服务，想要订船票可向各地的旅游服务中心寻求协助。

价格视船舱等级而有所不同，时间表与船费可能因各公司规则变动而有所更改。

岛内交通

市外巴士

济州岛主要的道路上都有市外巴士，载游客前往岛内各区，发车时间主要在6:00-21:00，班次间隔15~20分钟。

巴士路线分成东向及西向两种，大多是以济州市外巴士总站或西归浦市外巴士总站作为起始点。一般游客较常使用的是行驶在东部环岛道路以及西部环岛道路的巴士。由于站牌多半只有韩文标识，最好先把目的地的韩文站名抄下来，请司机到站时提醒一下。

市区公交车

又分普通公交车和座席公交车，普通公交车每站都停，单程车票1 000韩元起。座席公交车在一些主要车站停，票价根据距离而定。

济州观光巴士

从 2012 年 3 月开始，推出济州观光巴士，每天 8:00-17:00 每小时 1 班车，途经济州星空公园、汉拿生态林园、思连伊林道、橘来十字路口、石文化公园、寺水自然林园、獐子生态园、济州四三和平公园、国立济州博物馆、东门市场、观德亭、西门市场、龙头岩、市外巴士总站、济州市政府、国济码头、沿海码头、国济机场等站，一日券 5 000 韩元，持票者可在当日内任意站上下车。

☎ (064)728-3211

济州豪华观光巴士

针对游客特别设计的观光巴士，分东、西两条路线，囊括当地最具代表性的旅游景点，车票包含午餐及入场券，可以在两天之内轻松地游览济州岛的名胜地。

济州豪华观光巴士采取预约报名，确认日期、路线、搭乘场所和时间后，可至机场或饭店接送。

一日券全票 35 000 韩元，半票 28 000 韩元；二日券全票 55 000 韩元，半票 44 000 韩元。另加付司机、导游小费每日 5 000 韩元。

www.tbus.co.kr

租电动车

济州岛其实颇适合骑电动车旅行，不过岛上出租的电动车不多，而且对韩国人来说电动车旅行就像是自行车旅行一样，是游览小地区的代步方式，除了一般电动车店之外，许多自行车、协力车出租店也有电动车出租。租车费用大约 50CC 排量的半日 15 000~30 000 韩元，125CC 排量的半日 20 000~40 000 韩元。

交通卡

T Money 卡等交通卡在济州岛适用。

旅游咨询

济州机场设有旅游服务中心，可以索取地图及询问当地旅游信息。中文观光地的观光展示馆也设有旅游服务中心。

chinese.jeju.go.kr

济州国济机场

国济线 1 楼

☎ (064) 742-0032

中文观光展示馆

从中文巴士站步行约 3 分钟

☎ (064)738-8550

精华景点

济州市·中西部地区

济州市自古以来便是济州岛的政治、经济及交通中心。济州国际机场距离济州市不到 20 分钟车程，对游客来说，这里也是进出济州岛的大门。

济州市的中心位置为东门圆环，从这里出发往西可达地下街和牧官衙，往西南可到东门市场，再往东南走，则是三姓穴、济州历史自然博物馆等。而新济州为岛内新开发的区域，靠济州机场更近，棋盘式的街道相当规整，市区虽然不大，但众多观光旅馆集中在此，夹杂着餐厅、商店等，日渐繁荣。济州岛的中部、西部属于广阔的大自然，韩国的最高峰——汉拿山就位于岛的正中央，四周登山路线规划完善，西部也有很多独具特色的景点。

济州牧官衙

- 济州道济州市三徒 1 洞 983 号
- 搭 63、100、200 号巴士在观德亭站下，步行约 1 分钟可达
- (064) 710-6594
- 9:00-18:00
- 1 500 韩元

牧官衙以前是朝廷官员办公、居住之处。早从耽罗时代以来，这里就是政府的机关重地，到了李氏朝鲜接手政权，仍旧以此作为济州岛的行政中枢。沿用数百年的牧官衙在日军占领时期惨遭毁坏，现在游客所看到的牧官衙，是从 1991 年开始韩国政府根据建筑遗迹做调查，从 1999 年联合济州市民的力量逐渐修复完成。牧官衙内有东轩、政务亭、弘化阁、爱梅轩、清心堂等建筑，灰瓦朱梁的木制屋舍样式虽简单，却不失气派。

牧官衙外的观德亭是济州最古老的建筑物，从落成以来从未遭到破坏。1448 年建造的这座宽敞的亭阁，原本是官员训练青少年的场地，改朝换代后虽然少了年轻人学习练武，却一直是济州的地标，以及当地人聚会休憩之处。

济州民俗自然史博物馆

- 济州市一徒二洞 996-1 号
- 搭 14、30 号公交车在 KAL 饭店站下，往东走约 450 米即达
- (064) 722-2465
- 9:00-20:30（元旦、春节、中秋节、5 月 24 日休息）
- 全票 1100 韩元、半票 500 韩元
- museum.jeju.go.kr

展示有关济州岛地方的民俗文物、动植物生态以及地质等自然史料。约 4 万平方米的偌大的展示空间里，分为数个展示厅和户外展示室，细细地讲述着济州岛周边水文、地质、生态情况、岛民习俗、饮食文化等。馆内利用各种图文、模型、蜡像生动地将古老的济州呈现到游客的面前。这里位于市区内，较省体力，又是可以长知识的好去处。

龙头岩

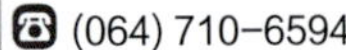

济州道济州市龙潭 1 洞

搭 100、200、300、500 等号巴士在龙门圆环站下，再步行约 5 分钟可达。从机场或市区车程约 15 分钟

(064) 710-6594

必游之地 MUST-VISIT PLACES

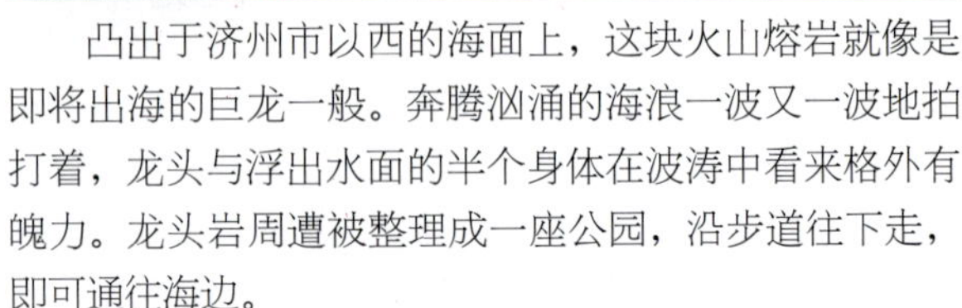

凸出于济州市以西的海面上，这块火山熔岩就像是即将出海的巨龙一般。奔腾汹涌的海浪一波又一波地拍打着，龙头与浮出水面的半个身体在波涛中看来格外有魄力。龙头岩周遭被整理成一座公园，沿步道往下走，即可通往海边。

公园绕一圈约 5 分钟。特别的是韩国人硬是在凹凸起伏的岩石上摆摊售卖鲍鱼、海胆，还有蠕动的章鱼，当场捞起现杀做成最新鲜的生鱼片。欣赏大海及阵阵浪花，同时来一盘生鱼片配烧酒，这种豪迈吃法可是在别的地方找不到的。

从龙头岩到梨湖海水浴场的沿海道路，有成排的海鲜店及咖啡馆林立，适合来此品尝海鲜后，在岸边观赏济州夜景。有些海岸晚上还有彩灯打在岸边的石头上，还有人不时燃放鞭炮，好不热闹！

汉拿山国家公园

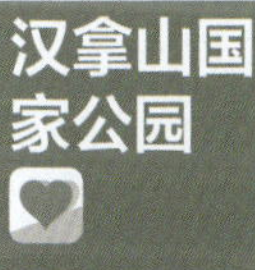

济州道济州市海安洞

从济州市外巴士总站搭乘往城板岳方向的市外巴士，在城板岳入口站下，6:00-21:30 每 10 分钟 1 班车，车程 35 分钟；或搭乘往御里牧方向的市外巴士，在御里牧入口站下，6:30-16:50，每 80 分钟 1 班车，车程约 30 分钟

(064) 713-9950

入山时间 5:00-10:00，御里牧登山路 5:00-14:00；入山时间依季节而略有调整

www.hallasan.go.kr

MUST-VISIT 必游之地 PLACES

位于韩国最南端的济州岛是韩国第一大岛，而汉拿山则是济州岛的最高峰，位于济州岛的正中央，海拔 1 950 米。汉拿山总共有御里牧、灵室、观音寺、城板岳等 4 条主要登山路线，前两条较易攀登，因为坡度较缓，不需专业登山用具就可登顶；其他路线则需要专用的登山装备。御里牧路线长 4.7 千米，顺着山路一路往上爬，虽说是最简单的登山路，还是让每个人都气喘吁吁。不过沿途景观及步道变化多端，除了木头栈道，还有黑色的火山岩步道，让人有闯过一关又一关的感觉。而灵室登山路长 3.7 千米，可以见到瀛州十景之一的灵室奇岩，层层叠叠的奇石峭壁铺展开来，登山客络绎不绝。

汉拿山春天可以观赏杜鹃花，夏天高山植物欣欣向荣，秋季红叶缤纷夺目，冬天则有茫茫的雪景。整体而言，气候温和的 5 月和 10 月最适合登山。

神秘道路·性爱乐园

- 济州道济州市老衡洞
- 从济州市沿 1100 公路向南约 4 千米处，搭车约 15 分钟
- (064)728-3916
- 性爱乐园开放时间 9:00 至次日凌晨
- 性爱乐园 7 000 韩元

在济州岛有一段最受欢迎的道路，每到这里车子都会熄火，让车子缓缓上坡，这段路就是神秘道路。沿途的商家还提供罐子，让游客试试水罐往上滚动的乐趣，可能是错觉也可能是磁场所致，就待游客实际来体验。

神秘道路附近有个以性爱为主题的雕刻公园，园内大胆地展示生殖器官，及各种幽默的性爱作品。室内区还有艺术画作展示并售卖情趣商品，这些露骨的画作和情趣商品就这么大胆地展现眼前，让一些游客不禁红了脸。到了夜晚，户外喷泉配合晚间的灯光造景，让园区颇有一番艺术情调。

泰迪熊动物王国

- 济州道济州市涯月邑召吉里 115-12 号
- 从济州机场搭乘出租车约 20 分钟
- (064) 799-1120
- 3—10 月 8:30-19:00，11 月至次年 2 月 8:30-20:00
- 6 000 韩元
- www.teseumjeju.com

集合各种动物娃娃的泰迪熊动物王国，将各种玩偶组合成有趣又可爱的场景。海底世界竟然有潜水熊畅游其中，平静的小村庄里，藏了大大小小的熊家族，还有熊熊名画展，由泰迪熊诙谐演出《蒙娜丽莎的微笑》《维纳斯的诞生》等经典画作。

翰林公园

- 济州道北济州郡翰林邑挟才里 2487 号
- 从济州市、西归浦或中文搭乘环岛西线巴士，在翰林站下
- (064) 796-0001~4
- 8:30-18:00，冬季 09:00-17:00
- 全票 9 000 韩元、半票 5 000~8 000 韩元
- www.hallimpark.co.kr

结合鸟园、亚热带植物园、莲花池、民俗村与天然钟乳石洞，翰林公园占地几十万平方米，公园中鸟语花香，满园绿意，高耸的椰子树并排而立，随风摇曳的大树叶子传来沙沙的声响，让这里充满了南国气息。很难想象这样一座公园是二十几年前，由私人实业家宋奉奎在一片荒地之中打造出来的。

挟才窟与双龙窟两座天然钟乳石洞是公园内最珍奇的景观。据说这是世界上唯一结合火山岩与石灰岩的洞窟。数百万年前的火山喷发，在这座巨大洞窟里留下凹凸狰狞的痕迹，而经过岁月沉积，火山岩水溶解产生细小的钟乳石与石笋，在灯光反射下散发出闪闪光辉，好似洒上金粉一样。洞里的温度比地表要低 4～5℃，盛暑时分寻访神秘的地底洞窟，可以避暑，顺便吹吹天然冷气。

雪绿茶博物馆

济州道西归浦市安德面西广西里 1235-3 号

从济州市、西归浦或中文搭乘环岛西线巴士，在西广里站下，再步行约 20 分钟

(064) 794-5312/3

10:00-17:00

www.sulloc.co.kr

济州特产的雪绿茶因为清香宜人，喝过的人都忍不住赞叹，所以这座博物馆便以此为名，让所有人都能够感受雪绿茶的魅力。

雪绿茶博物馆前方是一大片绵延的茶园，茶树在大自然的包围下吸收日月精华，澄净的空气与泉水，成为雪绿茶好喝的秘诀。想要品尝雪绿茶的滋味，博物馆内随时都有现泡的热茶让游客品尝，咖啡厅还有各种茶点，以及最受欢迎的绿茶冰淇淋。当然博物馆里不只有这些，馆中介绍韩国的饮茶文化，还展示有古董茶杯等。看看高丽时代、朝鲜时代的杯子和中国有什么不同，透过这些小玩意儿，一窥韩国文化。

山房山

- 济州道西归浦市安德面沙溪里 181-1 号
- 从济州市外巴士站搭乘往慕瑟浦方向的市外巴士，在山房窟寺入口站下；或从西归浦巴士总站搭乘往沙溪里方向的环岛西线巴士，在山房窟寺入口站下，车程约 40 分钟
- (064) 794-2940
- 3-10 月 8:00-19:00，11 月至次年 2 月 8:00-18:00
- 全票 2 500 韩元、半票 1 500 韩元（含龙头海岸）

济州岛西南处海岸，静立着一座如大岩石一般的山——山房山，海拔只有 395 米，然而因为四处有奇岩怪石而带有许多神秘色彩。接近山顶处有一个洞窟，长年有山泉水一滴一滴落下，传说这是山房山女神的眼泪。泉水不但甘甜，且据说有强身健体的药效。山房窟内供奉一座佛像，有信徒长住于此，默默念经祈祷。

从山底步行至山房窟 20～30 分钟，一路景色秀丽，可一览济州岛海岸风情，是当地人踏青的最佳场所。沿途会看见一座座石头塔，这些堆起来的每一块石头，都代表着一个心愿，韩国人认为只要将石头叠高，愿望就会实现。这是韩国人登山时的特有习惯。

中文 · 西归浦 · 东部地区

济州岛南端的中文观光地与西归浦气候温和、自然丰美，是岛上最热门的度假中心，大型饭店与度假村鳞次栉比，比风景更比奢华，一年到头游客络绎不绝。西归浦以市外巴士总站为起点，四周有些商店餐厅，还算热闹，不过要到观光地或者饭店还必须搭车。

济州岛上有三多：石多、风多、女人多，前两者和地形有关；后者的成因众说纷纭，风水、战争、出海事故、离乡工作等，也养成岛上女人坚毅的性格，目前仍存在的海女就是济州岛的代表，她们靠着传统方式捕鱼，憋气潜入海中 1~3 分钟之久，现在多半为 60 岁以上的女性。东部地区沿海以及牛岛一带，海女辛苦作业的身影成为当地最独特的景观。

东部地区观光景点大多无巴士可达，必须租车或包出租车才方便前往。

如美地植物园

- 济州道西归浦市穑达洞 2920 号
- 从机场搭乘 600 号巴士在如美地植物园站下，15 分钟 1 班车，车程约 50 分钟
- (064) 738-3828
- 4—10 月 9:00-18:30，11 月至次年 3 月 9:00-17:30
- 全票 6 000 韩元、半票 3 000~4 500 韩元，游园车 1 000 韩元（绕园区一圈 10~15 分钟）
- www.yeomiji.or.kr

占地 0.12 平方千米，分温室及户外区，五个温室植物园区分别为花蝶园、水生植物、仙人掌、热带生态及热带水果区，进门从左侧开始参观，即可将五个园区依序参观完毕。花蝶园主要是以兰花为主；水生植物园里有三大水池，开满热带睡莲，还有美丽的蝴蝶及绿蛙；仙人掌区可以看到各式形状、各种颜色的仙人掌。济州岛的热带水果非常珍贵，在国内非常普遍的芒果、火龙果、荔枝，在这里身价不菲，因此热带水果的展示区对韩国人来说相当特别。

室内区的中央有一个观景电梯，上观景台可以 360°观赏整个园区，甚至可以将周围的山、海及度假村尽收眼底，千万别错过！户外园区占地辽阔，建造了韩式、日式、法式及意式风情的庭园，逛累了的游客可以在门口搭游园车参观整个户外园区。济州岛的天气变化多端，雨天时，这里就成了最热门的观光景点。

泰迪熊博物馆

MUST-VISIT 必游之地 PLACES

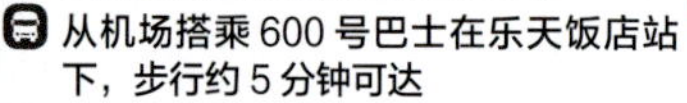

济州道西归浦市穑达洞 2889 号

从机场搭乘 600 号巴士在乐天饭店站下，步行约 5 分钟可达

(064) 738-7600

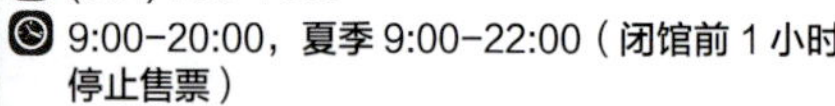

9:00-20:00，夏季 9:00-22:00（闭馆前 1 小时停止售票）

全票 7 000 韩元、半票 4 500~6 000 韩元

www.teddybearmuseum.com

整个博物馆都是可爱的泰迪熊，最特别之处就是通过不同造型的泰迪熊展示出人类重要的历史时刻，例如第一次发明汽车、泰坦尼克号的悲剧、香港回归中国、黛安娜和查尔斯的世纪婚礼，更有假想的未来世界。

另外还有一展区，是用泰迪熊做成世界知名的艺术品，包括凡·高的《自画像》《蒙娜丽莎的微笑》和《最后的晚餐》等，天真的熊表情将画中人物模仿得趣味横生。也可以看到以茅草与石头搭建的济州岛传统屋舍与海女海上作业的模样。

独立岩

济州道西归浦市西烘洞
从西归浦市外巴士总站搭市外巴士至三梅园入口站下，步行约 10 分钟可达海滨
(064)760-4733

矗立于海上的高耸岩石，是因为 150 万年前火山爆发熔岩凝结而成，高约 20 米，宽约 10 米，传说高丽时代末期元军入侵，将军把独立岩变成一个巨人武士，曾把元朝士兵吓得跳崖逃逸，所以其又名将军岩。韩剧《大长今》中，长今就是面向这片大海与屹立的岩石，下定当医女的决心。

药泉寺

济州道西归浦市大浦洞 1165 号
从中文搭出租车 5~10 分钟可达
(064) 738-5000
www.yakchunsa.org

沿着曲折小径走进隐藏在郊区的药泉寺，首先映入眼帘的就是宏伟辉煌的寺庙大殿。药泉寺的本殿大寂光殿面积 300 多平方米，楼高 30 米，其规模堪称韩国第一。以朝鲜时代初期的建筑样式为蓝本，天井与梁柱雕刻精细繁复，令人目不暇接。法堂内供奉着 18 000 尊佛像，金身垂目的毗卢遮那佛高达 5 米，相当震撼人心。

蚊岛潜水艇

济州道西归浦市西烘洞 707-5 号
从西归浦市外巴士总站步行约 15 分钟可达
(064) 732-6060
9:00-17:00，需预约
全票 55 000 韩元，半票 33 000~44 000 韩元
www.submarine.co.kr

蚊岛是济州闻名世界的潜水地，也是潜水艇的远航区，这个海域丰富的海洋生态，一直以来都吸引着许多海内外人士前来探索，进行潜水、钓鱼等海上活动。然而不谙水性的人也不用望洋兴叹，因为你有更棒的选择：搭乘潜水艇探索美丽的海底世界，感觉更是与众不同。

搭乘普通船只到达指定海域后，换乘潜水艇慢慢下降到海平面以下，随着下降的深度，呈现出不同景观：10 米深的海底，漂浮的海藻藏着体形娇小的鱼；20 米深的海底成群的鲜艳热带鱼在潜水员的诱导下不时出现在窗外，让游客忍不住按下快门；30 米深的海底的鸡冠花珊瑚群则带给游客最大的惊喜，尤其在灯光照射下变换色彩，更是令船上游客惊呼不已。

城山日出峰

必游之地 MUST-VISIT PLACES

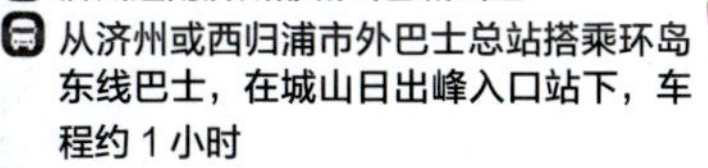

- 济州道南济州郡城山邑城山里
- 从济州或西归浦市外巴士总站搭乘环岛东线巴士，在城山日出峰入口站下，车程约 1 小时
- (064) 784-0959
- 24 小时开放，21:00 关灯
- 全票 2 000 韩元、半票 1 000 韩元，售票亭关闭后不售门票
- cyber.jeju.go.kr
- 建议携带遮阳用具上山

位于济州岛东部海岸的火山，远看可以明显看出火山口的模样。登上这座小山来回需 50 分钟。这座山因可以看到日出的景致而闻名，但济州岛的天气阴晴不定，游客大多是来此观景。登上山顶后就是火山口，火山口目前被青葱的草地覆盖，山顶的一边是无垠的海洋，一边是济州市区的景色，美景吸引了无数游客驱车前往。《我的女孩》《秘密花园》等韩剧都曾在这里取景。

山下靠近海岸边可以看到一个个的小洞穴，这并非天然的海蚀洞，而是第二次世界大战时日军强迫韩国居民挖掘的山洞，用来隐藏军火，全韩国约有 700 多个这样的洞穴。山下的餐厅提供新鲜的海鲜大餐，一旁的海景有时还可以看到海女潜水的情形，是用餐的好去处。

海女博物馆

- 济州道济州市旧左邑下道里 3204-1（济州海女抗日运动纪念公园内）
- 从济州市外巴士总站搭乘往细花、城山方向的巴士，在海女抗日运动纪念塔前下车，车程约 1 小时
- (064) 741-0374
- 3—10 月 9:00-19:00，11 月至次年 2 月 9:00-17:00
- 1 200 韩元
- www.haenyeo.go.kr

过去济州岛 80%以上的经济来源来自海女，海女在没有任何潜水装备的情况下，必须潜入 10～20 米深的海底捕鱼。原先海女仅穿一件薄薄的棉衣就要潜海工作，一直到 1970 年，政府才发放橡胶潜水衣。过去岛上的女性十三四岁就要当海女，现在年轻的女性越来越不愿意“女承母业”。海女博物馆内展示海女传统的饮食、住宅，还有海女装备的演进历程、潜海呼吸吐纳的技巧和模拟海女生活的场面等。

牛岛

- 济州道济州市牛岛面演坪里
- 从济州或西归浦市外巴士总站搭乘环岛东线巴士，在城山日出峰入口站下；从城山港搭船至牛岛约15分钟，每日10班船
- (064) 728-4362
- 来回船票5 500韩元（含海洋环境保护费及候船室使用费），岛上观光巴士6 000韩元；自行车出租3小时5 000韩元、电动车20 000韩元

位于济州岛东北方的牛岛，因为外形如一头牛侧躺的样子，所以得名。岛上牛岛峰、龙洞、牛岛博物馆及珊瑚海水浴场是主要景点。

自行车环牛岛是近来相当受欢迎的活动，绕行一周2～3小时，路上有用红色线条画成的自行车道，不必担心迷路。岛上地势大致平缓，需要注意的大概就只有躲避海女们晾在地上的海草了。

牛岛峰有一个像狮子头的山峰，搭配艳黄的油菜花和湛蓝的大海，是拍照取景的绝佳选择。珊瑚海水浴场是红珊瑚粉碎形成的沙滩，光着脚丫走在这片沙滩上，会有些微刺痛的触感，但越走越觉得舒服，沁凉清澈的海水就在旁边，让人心旷神怡。

万丈窟

- 济州道济州市旧左邑东金宁里山 7-1
- 从济州或西归浦市外巴士总站搭乘东部环岛巴士，在万丈窟停车场站下，之后转搭往万丈窟的小型巴士（每小时 1 班车）或出租车前往；步行至万丈窟约 30 分钟
- (064) 783-4818
- 9:00-18:00，冬季 9:00-17:30
- 全票 2 000 韩元、半票 1 000 韩元
- 来回参观需 1 小时

济州岛由火山爆发形成，岛上不但有许多火山岩，更有数不尽的火山地形。万丈窟即是火山喷发时熔岩流经所形成的熔岩洞，总长约 13 千米，目前开放其中的 1 千米，内部略为阴暗，即使是炎夏，洞窟内仍相当凉爽。若是经过大雨洗礼，雨水会渗入地底，造成洞内滴水不断，建议游客带把雨伞随行。

进入洞中可见四周由熔岩磨蚀留下的痕迹，行至 600 米处有一个状似乌龟的火山岩，这块岩石神似济州岛，中间的汉拿山清晰可见。在洞窟尽头是熔岩堆积的石柱，时而可见蝙蝠穿梭其中，周围打上的彩灯也为石柱增加不少神秘色彩。

山君不离

济州道北济州郡朝天邑桥来里山 38 号
从济州市外巴士总站搭巴士在山君不离站下，车程 25 分钟；或从西归浦市外巴士总站搭车，车程 35 分钟
(064) 783-9900
8:30-18:30，冬季 8:30-17:30
全票 3 000 韩元、半票 1 500 韩元
www.sangumburi.net

“山君不离”这个中文名字取得很诗情画意，其实只是“山上有个坑”的意思。世界上大部分火山口随着岩浆的喷发、冷却，通常会形成像日本富士山般的锥状山峰，但是山君不离的喷出物没有岩浆，却造成一个很深的、类似陨石坑的椭圆形火山口，据说坑的深度达 100 米。但是因为坑口很大，站在海拔 400 米处的火山口边缘向下望，只见草木长得很茂密，据说 400 多种高山与温带植物以及多种动物藏身其中。沿途的步道两旁，菅芒花开得满山遍野，只见穹苍下白茫茫一整片，往地平线另一端无穷无尽地延伸而去，令人叹为观止。

南方主题乐园

济州道济州市旧左邑金宁里山 157-4 号
从济州市外巴士总站搭乘往咸德方向的巴士，在咸德站下，车程约 30 分钟；再转搭出租车可达，车程约 20 分钟
(064) 782-9471-3
3—9 月 9:00-19:00，10 月至次年 2 月 9:00-18:00
全票 8 000 韩元、半票 4 000~6 000 韩元

裴勇俊主演的历史神话电视剧《太王四神记》以高句丽的开国君主为故事主轴。剧组不惜花重金打造出 1 500 百年前宽敞气派的宫殿、王公弟子学习文史武艺的太学、气派辉煌的酒楼、三教九流齐聚的市场大街等，当时的摄影棚后来就成了南方主题乐园。

对剧迷来说，绝对不能错过和裴勇俊的大型海报合照的机会，还有到裴勇俊坐过的龙椅上体验当帝王的滋味。就算没有看过电视剧，置身千百年前的高句丽帝国，在大街小巷中来回穿梭探访，也别有一番趣味。

城邑民俗村

济州道西归浦市表善面城邑里
从济州市或西归浦市外巴士总站，搭乘环岛东路的巴士在城邑 1 里站下车
(064) 787-1179

MUST-VISIT 必游之地 PLACES

位于汉拿山脚下、青山环抱之中，一幢幢稻草屋顶、黄土砌成的矮房完好地保存下来，村中不仅有民宅，还保留了建于朝鲜时代的围墙、四方城门、乡校、古代官公署、碑石等遗迹。许多房子里仍住着人家，居民们数百年来如一日，世代在这块老祖宗留下来的土地上生活，源源不绝地为这个老村子注入活力。

走在城邑民俗村里，仿佛回到数百年前的朝鲜时代。摇曳的石榴树从黑漆漆的火山岩围墙内探出头，庭院里黑毛猪悠闲地睡懒觉，居民在院子里晾起手制柿染布，小孩们嬉笑着抢着三轮车玩，这一切描绘出一幅优美的农村风情画。除了建筑遗产之外，这里也继承了现今济州岛仅存的民歌、民俗游戏、工艺等文化习俗。

济州民俗村博物馆

- 济州道西归浦市表善面表善里 40-1 号
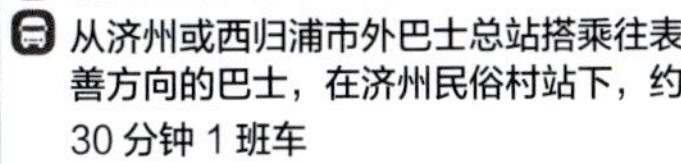
- 从济州或西归浦市外巴士总站搭乘往表善方向的巴士，在济州民俗村站下，约 30 分钟 1 班车
- (064) 787-4501-2
- 10 月至次年 3 月 8:30-17:00，4 月至 7 月 15 日及 9 月 8:30-18:00，7 月 16 日至 8 月 31 日 8:30-18:30
- 全票 8 000 韩元、半票 4 000~5 500 韩元
- www.jejufolk.com

济州民俗村博物馆不但重现百余年前的济州风情，同时也是风靡一时的《大长今》拍摄地。在数万平方米的土地上，复原了济州数个村落的传统样貌，山村、渔村、巫俗信仰村、官衙等共 117 个建筑物。这个博物馆不是一般只可远观的博物馆，而是能够亲身体验的，游客可以背上水壶感受古济州人如何挑水；也可以穿上济州特制草鞋，试试在沙石地上是否比较好走；甚至可以将自己关在衙门监牢中，体验长今被关时的感觉。此外，饲养牛、黑毛猪等牲畜，让这里更加充满了生命活力。

表善海水浴场

- 济州道西归浦市表善面表善里
- 从济州或西归浦市外巴士总站搭乘往表善方向的巴士，在表善站下。与济州民俗村车程不到 3 分钟
- (064) 787-2012

绵延数百米的浅滩，涨潮时海水仅有 1 米深，踏着海水漫步浅滩中，眼前是碧海蓝天，身后则是洁白细软的沙滩。清澈的海水随着阳光的反射散发粼粼波光，还有不知名的彩色小鱼在脚边畅游，景色相当优美。除了涨潮时分，退潮时的海滩也别具风情，潮水完全退至数百米远，露出白色沙滩，沿着沙滩漫步相当舒爽畅快。

住在济州岛

济州岛格兰德酒店
Jeji Grand Hotel

★★★★★

济州道济州市莲洞 263-15 号
(064) 747-5000
双人房 231 220 韩元起
www.grand.co.kr

位于新济州的精华闹区，享有极佳的地理位置，新罗免税商店就位于正对面，无论要到商店街或者餐厅区都相当便利。豪华的大饭店内有512间客房与套房，有3家餐厅提供韩式与西式料理。

济州岛西亚斯度假村
The Seaes Hotel & Resort

★★★★

济州道西归浦市中文洞 2563-1 号
(064) 735-3000
双人房 220 000 韩元起
www.seaes.co.kr

汲取韩国传统文化，让济州岛的传统房屋与亚洲风碰撞出火花。稻草屋顶的房舍藏身灌木花丛间，还有黝黑的济州火山岩做围墙，打造成隐秘宁静的空间。走进屋里，阳光透过大面玻璃窗洒入，照亮了典雅洗练的摩登风家具。宽阔的阳台上放着舒适的躺椅，而四周缤纷的花木维护了顾客隐私，让顾客能享受不被打扰的悠闲时光。

济州乐天饭店
Lotte Hotel Jeju
★★★★★

济州道西归浦市穑达洞2812-4号
(064) 731-0000
双人房340 000韩元起
www.lottehotel.com

气派的接待大厅，奢华灿烂的装潢摆设，纯白色的建筑中有500多间客房，无论屋内还是屋外散发出的悠闲欧风情调把这里打造得好像一家游乐园。中庭里种植着棕榈树，碧蓝的泳池自假山巨石之间蜿蜒，中庭水池到了晚上还会上演精彩喷火秀。池水的尽头，则是3座巨大的风车。

济州新罗酒店
The Shilla Jeju
★★★★★

济州道西归浦市穑达洞3039-3号
(064) 735-5114
双人房325 000韩元起
www.shilla.net/jeju

南欧度假风格，高耸的窗户透进璀璨的阳光，白墙红瓦散发出悠闲的地中海风情。客房装潢也是浓浓的欧式风格，柔软的大尺寸床褥、浪漫纱幔，再加上窗外扶疏的花木与海景，让济州新罗酒店成为情侣的首选。穿过游泳池以及花园，直接走到酒店专属的白沙海滩，碧海蓝天的开阔景色又带来不一样的情趣。

阳光精品度假村
Shine Ville Luxury Resort
★★★★★

济州道西归浦市表善面兔山里17号
(064) 780-7000
双人房300 000韩元起
www.shineville.com

占地之广，简直可以用无边无际来形容。碧绿的16洞高尔夫球场包围着一字排开的奢华饭店，无论从哪个房间望出去都能够看到满眼绿意。球场兼具休闲与观赏的作用，青青绿草中小溪蜿蜒，还有棕榈树舒展叶子随海风微微摆动，再看到远方那座面向大海的海水游泳池，好心情油然而生。

海维彻酒店
Havichi Hotel & Resort
★★★

济州道西归浦市表善面表善里40-49号
(064) 780-8000
双人房180 000韩元起
www.haevichi.com

现代汽车公司旗下的精品度假村，占地相当宽广，以白色为基调，雅致简洁的现代化装潢，看起来相当大器且具有设计感。明媚的海景是所有客房共同的赠礼，绝佳的视野令人心旷神怡。浴室设计利用大面积的玻璃，让海洋与绿意毫无遮蔽地呈现在眼前，赏景的同时泡在温暖的浴池里，无比享受。

济州韩华度假村
Hanwha Resort Jeju
★★★

济州道济州市洄泉洞3-16号
(064) 725-9000
双人房348 000韩元起
www.hanwharesort.co.kr

韩华度假村在地下室有一家专属SPA，并特别加入了济州岛特产的火山泥及牧草疗法。这里的水疗池有从头到脚不同的SPA水柱，做完SPA再使用浮具让身体漂浮在水上，记得让身体舒展开，并将耳朵浸入水中，聆听轻柔的音乐。

吃在济州岛

济州香

济州道济州市莲洞 283-1 号
(064) 748-6311~2
11:00-22:00

这家韩式烤牛肉的专卖店位于新济州的闹市，以实惠的价格提供炭烤牛小排。店员还会帮顾客烧烤，服务十分到位。牛小排分调味与原味两种，摊平后放在火炉上炭烤，香软中带有嚼劲，香气十足，和菜叶、泡菜卷着吃，或配上韩式凉面都很不错。

大家一起来

济州道济州市老衡洞 937-9 号
(064) 745-1107
12:00-23:00

店门口放着海鲜大水槽，仿佛在告诉顾客这里的海产是最新鲜的。这里的招牌菜，就是叠得像小山一样高的超级海鲜锅，锅里放了各种各样的海鲜，有巨大的贝类、鲍鱼、螃蟹、海瓜子、章鱼等，老板给得豪迈，顾客当然也是吃得超痛快。海鲜的美味由温度催化与高汤交融，不需味精汤头就能越煮越鲜，料多汤美让所有爱吃海产的饕客们大呼过瘾。

瓦房里的酒缸

济州道济州市莲洞 283-4 号 2 楼
(064) 713-3700
11:00 至次日 1:00

这家韩国居酒屋位于茶店的二楼，由于菜好吃又实在，深受当地人的喜爱，每到晚上总是挤满客人，谈天喝酒热闹得不得了。来到韩国居酒屋，当然不能错过农家自酿的传统酒，乳白色的浊酒冰凉可口，喝起来甘甜香浓，有点像小米酒的味道，连女生也爱喝。另外店家提供的传统菜色，像是济州岛生产的马铃薯汤、香辣爽口的凉拌海螺细面，以及辣鸡肉汤等，都是下酒的好菜。

西努盘花园

济州道西归浦市上猊洞 1765-1 号
(064) 738-5833
11:30-21:00（每月第一、三周的周一休息）

想品尝传说中的美味济州岛黑猪肉，来这里就对了。这家店提供美味的烤黑毛猪五花，一人两大块肥厚的黑猪肉光看就十分满足，用大铁盘烧烤的黑猪肉汁多肉香浓，果然名不虚传。餐厅外还设有露天座位，天气好的时候在葡萄藤下烤猪肉，气氛让肉质也变得更美味。

参宝食堂

济州道西归浦市西归洞 319-8 号
(064) 762-3620
8:00-21:30

小小的店里向来挤满了客人，大家都是为了店家自创的海鲜汤而来。小汤锅里头放了九孔、鲜虾、海胆，还有满满的海瓜子，用猛火煮到沸腾，海鲜的香气一下全部浓缩在汤中。看到餐厅食客们拿着汤匙拼命捞的样子，就知道有多美味了。

石头熊

济州道西归浦市城山邑城山里 109-11 号
(064) 782-5123
10:00-17:00

从二楼的用餐区就可以看到城山日出峰还有四周的深蓝大海。店里的招牌为九孔石锅拌饭，米饭放在烧得热腾腾得石锅上，再把韩国人称为小鲍鱼的九孔切碎，整个覆盖住白饭。趁着余热将米饭与九孔拌匀，米饭的焦香与九孔的鲜香让人一吃就上瘾。

购在济州岛

中央路地下商店街

🏠济州道济州市观德路下方
⏲11:00–22:00（依店家而异）

中央路与观德路的交叉处，是济州岛最热闹的购物中心，最流行的服饰、彩妆产品一次就能满足游客需求。不过这样还不够，马路上车水马龙，地下还有一条与中央路垂直的商店街，热闹程度更胜地面，尤其当外面刮风下雨的时候，地下街永远都是人潮涌动。

东门市场

🏠济州道济州市一徒1洞一带
⏲7:00–20:00（依店家而异）

从新潮热闹的商店街拐个弯，便会发现这个洋溢着平民色彩的传统市场。位于古迹观德亭与镇海楼附近，渔货种类繁多，而且非常新鲜。济州特产的肥美白带鱼、青花鱼应有尽有，许多摊位还可以见到大章鱼在爬动；各种辣椒粉一桶桶陈列出来，红彤彤的各式小菜，是最正统的韩国风味，想品尝地道韩国风味的人，在这里能最直接感受到。

五日市场

🏠济州道济州市老衡1洞
☎(064) 750-7357
⏲每月的2、7、12、17、22、27日都有市集，时间从早上六七点到黄昏

济州岛每5天举行一次传统市集，许多当地的老奶奶将自种的农产品拿来售卖，价格便宜实在，不仅受当地人喜爱，现在也有许多游客前去捞宝。在这里不管吃的、用的，都更贴近济州人的生活。

五日市场占地广大，售卖蔬果、鱼肉类、服饰及花草等，还有一些老奶奶自制的地道甜点、小吃，也有人参、现烤海苔、泡菜酱料、柚子茶等，但不能砍价。因为5天才有一次市集，人潮众多，在入口还有出租车等待。

本图书是由北京出版集团有限责任公司依据与京版梅尔杜蒙（北京）文化传媒有限公司协议授权出版。

This book is published by Beijing Publishing Group Co. Ltd. (BPG) under the arrangement with BPG MAIRDUMONT Media Ltd. (BPG MD).

京版梅尔杜蒙（北京）文化传媒有限公司是由中方出版单位北京出版集团有限责任公司与德方出版单位梅尔杜蒙国际控股有限公司共同设立的中外合资公司。公司致力于成为最好的旅游内容提供者，在中国市场开展了图书出版、数字信息服务和线下服务三大业务。

BPG MD is a joint venture established by Chinese publisher BPG and German publisher MAIRDUMONT GmbH & Co. KG. The company aims to be the best travel content provider in China and creates book publications, digital information and offline services for the Chinese market.

北京出版集团有限责任公司是北京市属最大的综合性出版机构，前身为 1948 年成立的北平大众书店。经过数十年的发展，北京出版集团现已发展成为拥有多家专业出版社、杂志社和十余家子公司的大型国有文化企业。

Beijing Publishing Group Co. Ltd. is the largest municipal publishing house in Beijing, established in 1948, formerly known as Beijing Public Bookstore. After decades of development, BPG has now developed a number of book and magazine publishing houses and holds more than 10 subsidiaries of state-owned cultural enterprises.

德国梅尔杜蒙国际控股有限公司成立于 1948 年，致力于旅游信息服务业。这一家族式出版企业始终坚持关注新世界及文化的发现和探索。作为欧洲旅游信息服务的市场领导者，梅尔杜蒙公司提供丰富的旅游指南、地图、旅游门户网站、APP 应用程序以及其他相关旅游服务；拥有 Marco Polo、DUMONT、Baedeker 等诸多市场领先的旅游信息品牌。

MAIRDUMONT GmbH & Co. KG was founded in 1948 in Germany with the passion for travelling. Discovering the world and exploring new countries and cultures has since been the focus of the still family owned publishing group. As the market leader in Europe for travel information it offers a large portfolio of travel guides, maps, travel and mobility portals, apps as well as other touristic services. It's market leading travel information brands include Marco Polo, DUMONT, and Baedeker.